끝내는 엄마
vs
끝내주는 엄마

To.

_____

_____

_____

_____

From

··· 준비된 **엄마** 행복한 아이

끝내는 엄마
vs
끝내주는 엄마

김 영 희

지음

"그건 엄마 때나 그랬던 거지,
지금이 어느 땐데."

렇다. 내가 갓 엄마가 되었던 시절, 28살 때. 그러니까 1980
년대 중반 쯤, 친정어머니께 입버릇처럼 했던 말이다. 지금에
와서는 1980년대도 추억해야 할 까마득한 과거가 되어 버렸다. 최
근에 제작된 1980년대를 배경으로 한 드라마 포스터를 봤다.

그 시절 유행했던 청바지를 입고 한껏 자신감 있는 표정을 짓고 있
는 주인공들. 그래, 그땐 나도 그랬다. 당시 난 20대였고 육아에 있
어서도 자신감에 차 있었다. 이 얘기를 아들에게 했더니 '근자감'이
란다. 근거 없는 자신감의 줄임말. 그래 딱 그거였다.

당시까지 존재해 오던 각종 유아 노하우들은 '과거의 유물'일 뿐
이리며, 서점을 찾아다니며 빼곡하게 꽂혀 있던 신간, 자녀 교육서들
을 훑어보곤 했다.

하지만 지금 와서 생각해 본다. 80년대에 초보 엄마로서의 삶을
보냈던 나도 이제는 '과거의 노하우' 만을 가진 한 사람일 뿐일까. 순

간 하나의 생각이 내 머릿속을 스친다.

"아니야. 내가 해줄 말이 얼마나 많은데? 내가 공유하고 싶은 것들은 지금도 쓸 만하다고"

아마 친정어머니께서도 그 마음이 아니셨을까. 하지만 과거, 지나온 역사에 대해 우리들이 갖고 있는 '낡은 것'이라는 편견을 깨는 것이 만만치 않은 것도 사실이다.

나도 20대 때에는 애가 칭얼거리기만 해도 겁부터 덜컥 나던 초보 엄마였다. 얼마나 막막하던지. 도대체 애가 자라서 초등학교에 가긴 할지, 그 시간이 까마득하게 느껴지곤 했다. 내 또래의 엄마들에게 참 많이도 물어봤다. 지금처럼 손쉽게 인터넷에서 육아 노하우를 공유하거나, 지식을 얻을 수 있는 수단이 없었으니 말이다.

내 주변의 어린 동생들이 이젠 어엿한 초, 중, 고등학생의 엄마가 되어간다. 요즘엔 그들이 내게 묻는다. 어떻게 해야 하냐고, 자녀에 대해 궁금한 것이 참 많은 것이다. 그들이야말로 소위 말하는 현대의 '스마트'한 삶을 살고 있다.

그런데도 지금의 내게 "언니는 애가 이럴 때 없었어요?", "애가 이러는데 어쩌지?" 같은 질문을 하는 이유는 무엇일까. 범람하는 정보와 인터넷 속에서 커뮤니케이션으로도 충족되지 않는 그 무언가가 있는 게 아닐까.

난 그간 듣도 보도 못한 획기적인 육아법이나, 실천하면 당장 애가 똑똑해지는 거창한 방법을 얘기하려는 것이 아니다. 그럴 능력도 없는, 그저 한 아이를 어엿한 성인이 될 때까지 억척스럽게 키운 한 엄마일 뿐이다.

그렇다. 특별할 것 없는 한 엄마였을 뿐이다. 옆집에 사는 그런 수많은 엄마들 중에 한 사람이다. 그래서, 그렇기 때문에 오히려 이런 글을 통해 이 글을 읽는 분들과 만나보고 싶다고 생각했다. 당신에게 말해 주고 싶다.

"맞아, 나도 그랬어, 나도 정말 힘들었어. 그 마음 이해해"

이제부터 내 경험을 날 것 그내로 보여주려 한다. 한 아이와 내가 어머니와 자식의 관계를 맺은 후 겪은 모든 일들에 대해서 말이다. 실수한 것, 잘한 것, 내가 좀 더 신중히 대했어야 했던 일들에 대해 여과 없이 적어 보았다.

　잘한 측면만 부각시켜서는 반쪽짜리 글일 뿐이라는 생각이 들었다. 나는 이글을 읽는 분들에게 무언가를 가르칠 생각은 없다. 다만 공감하고 싶다. 이제는 내 딸 뻘인 나이의 분들이 초보 엄마가 되는 시기가 되었기 때문이다.

　하늘에 계신 내 어머니께, 살아계셨다면 꼭 하고 싶은 말이 있다.

　'당신이 옳았다고, 결국 난 당신의 자양분으로 오늘도 살고 있다고' 말이다.

Contents

Contents

Chapter

당신의 자녀는 당신의 소유물이 아닙니다.
그들은 자신의 삶을 좇아
이 세상에 온 그리움의 아들딸들인 것입니다.

- 칼릴 지브란 -

1

위험해요,
애도
엄마도

22시간
진통 속 난산

:: 아~직 멀었네요

여자가 아이 낳는 일은 축복이자 고통이다. 주변 사람들 모두 산모가 순산하기를 바란다. 나도 당연히 순산하리라 믿었다. 하지만 예상치 못한 일이 벌어졌다.

사실 사는 게 다 그렇다. 계획대로 되는 게 얼마나 될까? 내 주변 사람들에게 몇 번 내 출산 얘기를 한 적이 있다. 다들 그런 난산이 없다고 했다. 그 때를 떠올리면 참 시작부터 험난했다. 주변에서 소위 말하는 '애를 쑥쑥' 잘도 낳는 얘기만 들어오며 임신했던 터였다.

30여 년 전 여름이었다. 장마철로 접어들어 참 후덥지근했다. 그런 때에 첫아이의 진통이 왔다. 장장 22시간 동안 이어진 진통의 시작이었다. 남편은 새벽부터 서둘렀다. 우리 부부 둘 다 어린 20대였다. 적잖이 당황스러웠다. 무작정 택시를 불러 타고 산부인과로 향했다. 시골에 계신 친정어머니도 올라오셨다.

간호사가 말하길 "산모가 웃으면서 들어오는 걸 보니 아~직 멀었네요~"라고 했다. 그 말에 나는 앞으로 있을 고통을 예견할 수 있었다. 안 그래도 불안한 마음을 웃음으로 애써 감추고 있었는데 미리 겁을 주는 격이었다.

얼마나 오래 아파야 아이가 나오는 거지? 애 낳다가 혹시 어떻게 되는 건 아니겠지? 별의별 생각이 다 들었다. 그렇게 산모 대기실에서 여장을 풀며 산부인과에서의 하루가 시작됐다.

남편 퇴근 후에도 진통은 진행 중

남편이 직장 일을 마치고 돌아왔을 때도 여전히 나는 진통 중이었다. 자정만 지나면 24시간 째였다. 하늘이 노래진다는 건 말 그대로 글로만 보던 표현일 뿐이었다. 아니었다. 실제로 그랬다. 아프다는 생각만으로 머릿속이 꽉 차 있었다.

아이는 가급적 자연분만으로 낳고 싶었다. 제왕 절개에 대한 막연한 거부감 같은 것이 있었다. 산부인과 원장과의 관계는 좋았다. 종로에서 개인 산부인과를 하던 사람이었다. 신혼살림을 차린 곳이 세종문화회관 뒤편, 지금의 남촌 마을이었고 집 가까운 곳에 그 산부인과가 있었다.

그간 내원했던 일들이 머릿속에 스쳤다. 그런 것들을 열심히 떠올리며 그저 산통이 빨리 지나가길 바랐다.

:: 과거 애 낳는 모습 기억 나

아주 오래 전, 내가 7살 때였다. 친정어머니가 막내 동생을 낳을 때 하혈이 심했다. 할머니가 그 피 묻은 옷가지를 개울가에서 빨던 모습을 뒤에서 지켜봤다. 어린 마음에 꽤나 충격이었다. 핏빛으로 물든 개울물이 지금도 눈에 선하다. 그게 내 머리 속에 새겨진 '출산'에 대한 첫 번째 이미지였다. 그 뒤 친정어머니는 산후병이 생겨 늘 몸이 안 좋다고 하셨다.

그때 동네에는 갖가지 소문들이 돌았다. 어떤 이는 진통하며 남편 욕을 해대고, 어떤 여자는 열흘 간 고통받다 애를 간신히 낳았다는 둥 말도 많고 탈도 많았다. 애를 낳으면 대문 앞에 새끼줄을 걸고 고추와 숯과 솔잎 가지, 금줄 등을 맸다. 불과 몇 십 년 전 시골 풍경이었다.

풍경과 환경이 달라졌을 뿐, 한 아이의 엄마가 된다는 건 거대한 희생이 따르는 일이었다. 어떤 사람들은 지나가면 별 거 아니니 겁먹지 말라고 한다. 하지만 그건 어디까지나 '지나가면'이라는 전제가 깔린 말이다.

당시에 나는 정말 이러다 죽을 수도 있겠구나 라고 생각했다. 출산을 앞둔 산모에게 긴장을 풀어주는 것도 필요하지만, 현실을 객관적으로 알려주고 마음가짐을 바로 서게 해주는 것도 중요한 이유다.

:: 신혼 단칸 셋방

잠시 당시 내 주변 환경에 대해 덧붙이는 게 좋을 것 같다. 그때 우리 부부는 종로에 있는 단칸 셋방에서 거주하고 있었다. 애를 임신한 후 태교의 일환으로 삼청공원에 여러 번 산책을 나가곤 했다.

지금은 그쪽 길들이 관광지로 유명해져 꽤 번잡해졌다. 그때만 해도 한적하기 짝이 없었다. 조금만 가면 황학정에서 궁사들의 활 쏘는 모습을 볼 수 있었다. 지금 생각하면 꽤나 이색적인 장면이다. 같은 동네인 사직 공원도 자주 드나들곤 했다.

출산 3개월 전, 서울 외곽에 13평 아파트를 구해 이사했다. 단칸 셋방은 단출한 살림살이를 제외하면 딱 부부 둘이 누울 수 있는 그런 공간이었다. 가족이 한 명 늘어날 텐데 계속 단칸방에 살기 힘들다고 생각했다.

형편에 비해 꽤나 무리한 이사였다. 하지만 애를 위해서라면 내 집이 필요하다는 생각뿐이었다. 요즘엔 집 하나 구하는 일이 하늘에 별 따기다. 지금 같으면 우리 부부도 이사는 엄두조차 낼 수 없었을 것이다.

처음 자기 집을 계약한 후, 입주하던 날이 지금도 눈에 선하다. 무려 13평이었다. 단칸 셋방에 비해 무슨 집이 이렇게 넓나 싶었고 얼떨떨했다. 내가 좋은 것보다도 우리 아이가 살 집이라는 생각에 더욱 뿌듯했다. 이런 게 엄마의 마음이라는 걸까? 하고 처음으로 느꼈다.

집도 이사했겠다, 이제 애만 잘 낳아 기르면 된다고 생각했다. 저축을 조금씩 늘려야 했기에 부부의 살림살이는 더욱 빠듯해졌다. 뭘 해도 먼저 아이 생각부터 났다. 부부 모두 아이라는 공감대가 있었다.

아이에 대한 배려가 필요하다고 생각했고, 그에 걸맞는 부모가 되어야겠다고 어렴풋이 생각했다. 아직 어렸던 20대 부부는 그렇게 출산까지 하루하루를 보내고 있었다.

:: 기찻길 옆 13평 아파트

하지만 예상치 못했던 부분에서 문제가 하나씩 불거졌다. 첫째로, 아파트의 위치였다. 기찻길 바로 옆이었다. 집 장만에 쓸 수 있는 돈이 한정되어 있었으니 어느 정도의 불편은 감수해야 했다. 기차가 지나갈 때마다 요란한 소리가 났다.

괜찮겠거니 하고 계약했지만, 지속적으로 소음이 반복되니 꽤나 스트레스가 됐다. 아마도 뱃속의 애도 퍽 시끄러웠을 것이다. 하지만 찬밥 더운밥 가릴 때가 아니었다. 비단 이러한 일 외에도 임신 중에는 별의별 일이 신경 쓰이고, 성격도 예민해진다.

임산부 스스로도 어느 정도 인지해야 할 일이고, 이러한 처지에 대해 부부끼리 잘 대치할 수 있도록 많은 대화가 필요하다. 결국은 서로의 입장을 이해하며 이겨나갈 수 있는 부분이다. 부부가 서로 힘든 일에 대해서 보듬어주고, 감싸 안아야 한다.

애가 태어나기 4개월 전, 우리 부부는 아이에 대한 소박한 바람을 담아 자그마한 글을 한번 써보기로 했다. 그 제목, 지금 봐도 참 거창하다. '자녀를 위한 기도'였다. 남편은 그것을 자신의 스케줄 수첩에, 책상 위에 여기저기 베껴 놓았다. 꽤나 유별스러웠다.

　아이를 낳고, 그 아이가 큰 다음에도 우리 부부는 가끔씩 그걸 꺼내 읽어 주곤 했다. 추억이다. 아이는 오글거린다며 난리였다. 하지만 그 당시 우리부부는 꽤나 진지했다.

〈자녀를 위한 기도문〉

가슴에는 항상 원대하고 밝은 미래 설계를 품어
쾌락보다는 성취의 기쁨을 추구하고
직분에는 사명감을 갖고 정열로써 수행하며
정신력의 기적을 믿어 어떠한 불가능에도 도전하여
실의를 딛고 일어서는 자 되게 하시고

대범하여 눈앞의 이익에 급급하지 않으며
단정한 몸가짐으로 신뢰와 의리로 남의 마음을 사며
여유와 겸손으로 일의 그르침을 자기 탓으로
돌릴 줄 아는 자 되게 하소서.

절제와 노력으로 열심히 일할 수 있는 건강을 주시고
자기의 부족함을 깨달아 배움에 전심하며
편견을 버리고 실용적인 사고로 자신을 닦아
부와 권력 앞에서도 비굴하지 않은 자가 되도록 하여 주소서.

자신을 희생하여 남을 도울 줄 알며
한번 입은 은혜에는 보은할 줄 아는 자가 되게 하여 주시고

가정의 화목은 사랑이 바탕임을 알게 하시며
부모에게 효도하고 후손에게는 밝은 미래의 꿈을
심어줄 수 있도록 하소서.

그리하여 자기 자신의 능력을 믿고 자기를 이기며
나아가 사회에 공헌하는 자가 되게 하소서.
1984년 4월 20일 애비, 어미가 마음을 모아 기도문을 만들다.

안다. 많이 오글거린다는 거. 참 교과서적인 교훈과 교장선생님 수준의 훈화로 꽉 차있는 기도문이다. 우리 부부가 이 기도문을 쓴 보람을 느낀 것은 생각보다 훨씬 뒤인, 이십 여 년 후였다.

어느 날 대학생이던 아들이 툭 던졌던 말이 있다. "80년대 감성인 건 맞는데, 엄마 아빠가 제가 태어나기 전부터 절 얼마나 소중하게 생각했었는지, 그건 느낄 수 있었어요," 라고 했다.

그때 느꼈다. 기도문에 적힌 저 수많은 부모의 바람을 아이가 다 충족할 필요는 없다고. 그저 우리에게 저런 얘기를 해줄 수 있는 아이로 컸다면 우린 나름 자식을 잘 키운 게 아닐까 하고 생각했다.

위험해요,
애도 엄마도

:: 아기 귀가 걸린 채

나는 그 기도문이 적힌 쪽지를 산부인과까지 들고 왔었다. 진통이 계속되는 와중에도 내 손에 꼭 쥐여져 있었다. 친정어머니와 남편은 초조한 빛이 역력했다. 허리가 끊어질 듯한 고통이었다. 이제 숨만 못 쉬면 저 세상으로 갈 것만 같았다. 갑자기 공포감이 밀려 왔다. 참 이상했다. 힘을 주어야 할 때 힘을 꽉 못주고 지쳐 기진맥진한다고 의사가 나를 채근했다.

나도 모를 일이었다. 또다시 의사와 간호사가 힘을 합쳐 외쳤다. "자 힘을 내자구요, 조금만 더!" 애의 귀가 걸린 채 빠져 나오지 못했다. 애도 얼마나 힘들까? 자궁 밖의 소음과 강한 빛의 자극, 거기다 귀가 걸려 못 빠져 나가는 신세이니 말이다. 자신의 머리 부위를 연신 주무르는 의사의 손길이 야속하기만 했을 것이다.

물리적인 한계라는 걸 그때 느꼈다. 사실 현대사회를 살면서 힘자랑을 할 일은 거의 없다. '이성적'이라는 단어가 통하는 사회다. 하지만 출산에 있어 여자는 오직 물리적 힘만으로 그 줄다리기를 해야 한다.

머리채를 쥐어 잡고 친구와 싸웠던 기억은 초등학생 때까지였다. 지금 내가 기울이는 힘을 싸움으로 치면 웬만한 여자랑 붙어도 이길 수 있을 것 같았다.

결국 겸자 분만

의사가 마지막이라고 경고했다. "자 이제 젖 먹던 힘까지 다해 보는 거예요! 애도 산모도 위험해요! 그러고도 안 되면 겸자 분만 들어갑니다." 비상사태인지 젊은 청년 의사가 호출되어 왔다. 부산스러웠다. 여의사는 진땀을 뺐다. 결국 겸자 분만으로 애를 끄집어냈다. 드디어 내가 한 생명을 세상에 내보낸 것이다.

겸자 분만이란 자연 분만 과정의 진행이 순조롭지 않고 산모와 태아의 상태에 문제가 발생할 우려가 있을 때 집게와 비슷하게 생긴 도구인 겸자로 태아를 견인하여 끄집어내는 방법이다.

3.3kg 사내아이

3.3kg의 사내아이였다. 조금만 늦었으면 둘 다 위험에 빠졌을지도 모른다고 했다. 산일 후 퇴원하는 날, 의사는 날 보더니 꽤나 간곡한 표정으로 말했다.

"다음에 애 낳을 때는 꼭 제왕절개하세요. 골반이 좀 작아요. 배도 그리 부르지 않아 애가 조그만 줄 알았는데 생각보다 애도 컸어요."

20여 년 의사 경력으로 미루어 봐도 꽤나 힘든 경험이었나 보다.

몸조리

퇴원 후 몸조리하는 과정에서 어머니의 도움을 많이 받았다. 굳이 내가 구구 절절 설명하지 않아도 어머니는 신기하게 내 여러 사정을 잘 알고 계셨다. 여자끼리가 아니면 공감하기 힘든 부분일 것이다.

미역국을 먹는 게 좋다고 하시며 하루에 한번은 꼭 정성스레 끓여 주셨다. 더 먹고 싶다고 할 때면 굳이 말리셨다. 하루에 한번 정도 먹는 게 적당한 양이라고 하셨다.

어머니는 먹는 것에 유별나셨다. 잘 선별해 먹이시려 했다. 정작 자신은 배고픔을 이기며 커오셨으면서도, 자녀들에게 만큼은 당신이 할 수 있는 최선의 헌신을 다하셨다.

어머니는 한시도 쉴 새 없이 지저귀를 빨고, 요리하는 등 바삐 움직이셨다. 나는 산후 조리한다는 이유로 맘 편히 누워서 그저 어머니의 배려를 받을 뿐이었다. 나도 나중에 저렇게 할 수 있을까 생각이 들었다.

쉽지 않을 것이다. 잘 키워줬으면 됐지! 라고 생각하고 있었다. 출산 자체만으로도 충분히 거대하게 느껴졌다. 그럼에도 어머니가 내게 정성을 다하시는 모습을 보며 나도 결국 내 자식에게 헌신하게 되겠구나 라고 어렴풋이 느꼈다. 내리사랑이었다.

몸조리에 좋다는 음식을 챙겨 주시고 몸을 따뜻하게 해야 한다며 방 온도를 높여 주셨다. 누워 있다 보면 출산 후인 내게 덥지도, 춥지도 않은 딱 적당한 온도였다. 신기했다. 난방 시설을 제대로 다루지 못하시기 때문에 온도도 제대로 보지 못하시던 어머니였다.

그럼에도 그저 손을 이불 속에 몇 번 넣어보시고는 기가 막히게 내가 눕기에 딱 좋은 온도를 찾아내셨다. '문명의 이기'라는 것과는 한참 동떨어진 분이셨다. 그럼에도 나보다 훨씬 더 현명하셨다.

문득 어릴 적 어머니의 피가 번져가던 개울이 다시 떠올랐다. 어머니는 동생을 낳고 불과 며칠도 안 되어 할머니의 성화에 다시 밭일을 나가셨다고 했다. 제대로 된 산후조리는 꿈도 꿀 수 없었으리라.

아이를 낳고 약간은 감성적으로 변해 있던 나였다. 갑자기 눈물이 핑 돌았다. 어머니는 당신의 출산 당시 고통과 아픔, 그리고 서러움이 있으셨을 것이다. 그럼에도 자식에게는 이렇게 정성을 쏟고 계셨다.

"울어? 한숨 잤댔더니 울고 앉았네?"

어머니께서 멀찍이 앉아 계시다가 다가 오셨다. 당신이야말로 쉬실 시간에 계속 딸의 얼굴을 바라보고 계셨나 보다. 나는 눈이 벌개진 채로 누워서 가만히 어머니의 얼굴을 바라봤다.

"급살맞게 울고 앉았네. 왜 어디 아퍼?"

나는 조용히 고개를 가로저었다. 어머니는 투박한 손으로 내 얼굴을 살며시 닦아 주셨다. '엄마 정말 고마워, 그리고 미안해'란 말이

목구멍까지 올라왔다. 결국 내뱉지 못했다.

:: 폭력적인 분만

'출산과정이 폭력적이면, 그 아이가 폭력적인 성인이 될 확률이 높고 더불어 그들이 구성원인 사회도 소란스러워질 것이니, 평화적이고 사랑이 가득한 방법으로 아기를 출산해서 이 세상을 정화해 나가자' 르봐이예 박사가 주장한 말이다. 폭력적인 분만이야말로 아기에게 충격이라고 한다.

그가 말하는 '폭력'이란 분만실의 밝은 조명, 시끄러운 소리, 분만실의 낮은 온도(냉방 시설) 등이다. 의사가 아기를 거꾸로 들고 등을 때려서 울리는 일, 제왕 분만, 겸자와 흡입기 사용 등이다. 사실 이렇게 따지자면 현대의 출산 시스템 자체가 폭력적인 요소를 다수 포함한다.

나 역시 이런 요소를 출산 과정에서 원천적으로 차단하기는 힘들다고 봤다. 하지만 한 가지 고민해 볼거리는 있다. 출산은 엄마가 될 사람이 아이를 낳는 과정이기도 하지만, 아이가 기존 세상이었던 엄마 뱃속을 나와 세상으로 한걸음 내딛는 과정이기도 하다.

산모에게 출산이 큰 도전인 것처럼, 아이 역시 한순간에 주변 환경이 180도 바뀌는 엄청난 도전이다. 하지만 우리는 아이가 눈도 제대로 못 뜨고 말도 못하는 신생아라는 이유로 아이 측면에서의 도전은 생각보다 크게 공감하지 못한다.

그렇게 결국 산모 위주의 출산이 이루어진다. 아이 쪽의 각종 needs(니즈)는 산모 쪽으로의 배려에 묻혀버리기 십상이다. 출산 과정 자체에서부터 아이와의 교감과 배려가 필요한 이유다.

　그 시점에서 문득 생각이 들었다. 현대화가 갖는 맹점이 그것이다. 모든 것이 점차 나아지고 있지만, 서로의 공감대를 넓히는 것은 훨씬 거대한 노력을 필요로 한다.

보석 같은 영유아기

:: 탄생했던 시간도 아기의 뇌에 기록

아이의 이름은 승우라고 지었다. 아이가 탄생했던 시점의 기억도 자신의 뇌에 무의식적으로 각인된다고 한다. 그 점에서는 승우에게 많은 빚을 졌다. 하지만 내 노력의 범위를 벗어난 일이었다.

또한, 산모와 아이 모두 결과적으로 건강히 출산을 마쳤다. 연연하는 마음보다는 앞으로 승우와의 생활에 좀 더 충실하기로 마음먹었다.

아기도 한 인격체다. 단지 우리를 거쳐 이 세상에 왔을 뿐이다. 그 아이를 내 소유가 아닌 개체로 보아야 한다는 말에 동감한다.

우리가 아이를 선택할 수 없듯, 아이 역시 자신의 부모를 선택할 수 없다. 그럼에도 불구하고 한없이 미약한 몸을 이끌고 이 세상에 나왔다. 자기를 낳아준 부모가 자신을 잘 보듬어 주리라 믿고 말이다.

그렇게 생각하면 이 작은 생명체인 아기에게 우리의 책임이 얼마나 큰지 실감할 수 있다. 세상의 풍파로부터 완벽한 강철 문이 되진 못할지라도 든든한 울타리는 되어 주고 싶었다.

인생 드라마는 출생부터 시작된다고 교육학박사이자 심리치료사인 뮤리엘 제임스는 말했다. 출생 이후 각인된 요소들이 합해져 자기만의 드라마가 되고, 개인의 역사를 만드는 내재적 역할을 한다고 보았다. 인생드라마 서막은 배아 때부터라는 이론도 있다.

출산 과정에서의 고통은 나로 하여금 겸손을 배우게 했다. 아이의 모든 것을 감당할 수 있는 슈퍼맘이 될 수 있다는 생각은 애당초 버렸다. 좌절에 대한 적절한 항체를 갖게 된 셈이었다.

"언제 우리가 강해지는가? 불행을 당했을 때다. 살면서 불행을 당하지 않는 사람은 아무도 없다." 언젠가 EBS 라디오의 고전 읽기 프로그램에서 구본형 사회자의 멘트가 새삼스럽게 떠올랐다.

젖몸살

이번에는 젖몸살이 문제였다. 나는 특히 심하게 앓았다. 젖몸살의 원인은 아이가 젖을 먹은 후 유방 속에 젖이 많이 붙어 있기 때문이다. 열이 치솟고 손도 못 대게 통증이 왔다. 사실 부모가 됨에 따르는 수많은 요소에 대해 무지했다.

그냥 막연히 젖몸살이라는 게 있구나 정도로 인지했었다. 실제로 겪는 것과 머릿속으로만 이해하는 것은 천지 차이였다.

초유를 먹이는 게 아이에게 좋다며 꼭 먹이라고 어머니께서 말씀해 주셨다. 초유란 임신 후반기부터 분만 후 3~4일까지 나오는 짙은 레몬색의 젖을 말한다. 초유에는 단백질과 칼슘 함량이 높고, 지질분해효소가 있어 아이들이 소화하기에도 좋고, 아이의 면역력을 향상하는 데 도움을 준다.

어떤 엄마는 젖몸살 때문에 모유 수유를 아예 포기하기도 했다. 모유 수유를 하려면 젖몸살 예방이 우선이다. 애를 출산하기 전부터 미리 유선을 자극하는 마사지 등으로 유선을 풀어줘야 좋다고 한다. 나는 그걸 몰랐다. 부랴부랴 늦게나마 자신의 몸을 추스르기 위해 노력할 뿐이었다.

유선이 열리는 데는 아이가 젖을 빠는 게 최선이다. 갓난아기는 먹는 양이 적으니 불은 젖을 자주 짜내야만 한다. 아니면 병원에서 약 처방을 받는 방법도 있다. 나는 유착기로 흡입하고 마사지하는 등 뒤늦게나마 수습을 해보려 했다. 하지만 별 효과가 없었다.

모유를 먹으며 아기는 엄마의 심장 박동 소리를 듣는다. 정서적 안정과 포근함을 얻는다. 승우는 대변을 10번 정도 봤다. 갓난아이 때는 안고 트림을 시킬 때 간혹 먹었던 젖을 토하기도 했다.

등 두드리는 강도를 엄마의 기준으로 생각하지 말고 아이 입장에서 생각해야 한다. 가볍게 문지르는 정도로 해도 좋다. 그렇게만 해도 이미 아이에게는 충분한 자극이다.

목욕시키고 분바르기, 팔 다리 주무르기 등 아기와의 모든 접촉은 쓰다듬기이다. 이 사람은 내게 따스한 온기를 주는 사람이라는 생각이 쌓이면 결국엔 그 대상, 즉 부모와의 신뢰가 생긴다.

아이가 세상에 태어나 첫 번째로 신뢰하게 되는 대상, 그것이 부모다. 그 시점에서 아이의 세상은 부모 그 자체이다. 그 거대한 대상이 됨은 큰 행운이다.

:: 애착

연구에 의하면 출생 직후, 고립된 신생아나 시설 기관에서 큰 아동들은 접촉 결핍증을 보인다고 한다. 독립심을 키우기 위해 일부러 떼어 키운 아기도 접촉 결핍을 겪을 때가 있다. 엄마가 필요한 이유다.

심리학자이자 영장류 연구자인 해리 할로(1905~1981)의 붉은 원숭이 애착에 관한 재미있는 실험이 있다. 새끼 원숭이를 어미와 격리시킨 후, 철사로 만든 어미원숭이와 함께 있도록 했다. 철사 어미원숭이는 두 종류였다. 하나는 철사로 되어 있지만 우유가 있는 즉, 애정은 없이 양육만 하는 원숭이였고, 다른 하나는 우유는 없지만 따뜻한 헝겊으로 둘려져 있어 포근함을 느낄 수 있는 원숭이였다. 즉, 먹이보다는 따뜻한 감각을 제공한 것이다. 〈사랑의 발견, 데버러 블룸〉

새끼 원숭이가 더 애착을 보인 대상은 헝겊으로 둘려져 있는 어미원숭이였다. 생존에 필수적인 먹이보다 어미의 따스함, 스킨십이 더 중요하다는 결론이다. 스킨십은 단순한 쓰다듬기가 아닌, 엄마와 아이의 상호작용이다.

'나쁜 엄마'

위 단어를 보면 어떤 이미지가 떠오르는가? 나쁜 엄마란 무엇일까? 일단 쉽게 떠오르는 것은 아이를 때리고 육체적 폭력을 가하는 엄마다. 하지만 해리 할로는 그런 사람들보다도 더 나쁜 엄마는 아이가 기댈 수 없게 하고, 관심을 기울이지 않으며, 정서적으로 아이를 방치하는 엄마를 가장 나쁜 엄마라 정의했다.

불과 몇십년 전만 해도 아이를 안아주고 부드럽게 흔들어 주는 등의 애정 행동이 별로 중요하지 않은 요소로 취급되었다. 아기는 젖만 먹여 키우면 된다고 생각했다. 오죽하면 아이가 울어도 그냥 두라고 했을까? 운다고 바로 안아주면 애 버릇 나빠진다며 어른들이 말리곤 했다.

하지만 우리 어머니는 5남매를 낳았음에도 억척스럽게 한명한명에 신경을 기울이셨다. 읍내 시장에 나가서도 아이 버릇 나빠진다는 얘기에도 굳이 내가 갖고 싶다는 새 공기 돌을 사 쥐어주시곤 했다. 그 기억이 아직도 생생하다.

단순히 장난감을 얻어서 흡족하다는 측면이 아니었다. 주변에서 싫은 소리를 들으면서도 어머니가 나를 위해 주고 있다는 그 느낌, 그 정서적 안정감이 내게 큰 풍족감을 주었다.

예비나 초보 엄마가 기억해 줬으면 하는 것이 있다. 아이에 대한 육체적 폭력은 외상으로 그 상처가 남는다. 그 상처는 가해자로 하여금 양심의 가책을 느끼게 하고, 더 이상의 추가 폭력을 방지하는 효과도 일부 있다. 소극적 측면에서의 자기 방어 역할을 해주기 때문이다.

하지만 정서적인 폭력은 인간의 몸에 어떠한 흔적도 남기지 않는다. 아이 역시 최소한의 방어 행동도 보일 수 없다. 가슴 속 상처에 대한 치유가 쉽지 않은 점이 그 때문이다. 이 사실을 인지하는 것이 중요하다.

부모에게도 적정한 수준의 고통은 오히려 약이 될 수 있다. 일부러 그러한 일을 만들 필요는 없지만, 자신의 고난에 대해 마냥 부정적으로 생각할 필요도 없다. 결국 아이를 좀 더 이해하는데 좋은 약으로 작용할 수 있기 때문이다.

:: 따스한 접촉이 대세

세상에 나온 아기에게 엄마의 품은 따뜻한 안식처다. 사실 이 시기에 아이가 할 수 있는 행동이란 기껏해야 웃거나, 울음을 터뜨리거나 칭얼대는 것뿐이다.

그런 행동들이 엄마에게 무엇을 요구하는 것인지 파악할 필요가 있다. 처음부터 아이와 모든 것을 소통할 수는 없다. 아이가 우는 것이 배가 고프다는 것인지, 대변을 봤다는 건지, 지금 누워있는 자세가 불편하다는 것인지, 춥다는 건지 그 의미에 대해서 모든 가능성을 열어 놓고 연습하는 과정이 필요하다.

그토록 중요한 시간을 아기는 부모와 떨어진 채 신생아실에서 외롭게 보내고 있다며 어느 유아학자는 한탄했다. 만약 누군가가 암흑에서 구조 요청하는데 외면 당한다면 어떤 마음일까? 신생아실에 있는 우리 아기들의 심정이 그럴 거라는 생각이 들었다.

신생아실에서 별 반응을 못 받는 아기와 그렇지 않은 아기의 차이는 무엇일까? 엄마가 옆에서 같이 지내며 신호에 즉각 반응하는 아이는 엄마와의 애착 관계가 잘 형성될 것이다. 물론 간호사가 돌봐주긴 하겠지만, 친엄마의 따스한 애정만큼은 아닐 것이다.

아이는 많이 안아 주어야 자신이 사랑받는다고 느낀다. 애착도 그때 생긴다. 생후 3개월까지는 무조건 자주 안아 주는 게 좋다고 한다.

심리학자들에 따르면 애착이란, 아이가 세상에 태어나 처음 갖는 정서적 관계를 말한다. 혹자는 애착이 잘 형성된 아이가 나중에 커서 학업 성적과 교우 관계가 좋으며, 호기심과 탐구심이 많다고 얘기한다.

다만 이때 확실히 느낀 게 있다. 앞서 말한 대로 아이에게 있어 세상의 전부나 다름없는 부모가 곁에 있어 주고 마주 봐주는 것만으로 아이는 앞으로의 거대한 세상을 마주할 첫 단추를 훌륭히 꿴 셈이다.

교감

아기는 엄마의 관심과 사랑을 먹고 자란다. 의탁 기관만이 최선이 아니다. 해당 기관에서 하루에 몇 번 간식을 챙겨주고, 몇 번의 학습과 몇 시까지 아이를 돌봐 준다는 조항은 있을지언정, 아이에게 얼만큼 애정을 쏟는가에 대한 항목은 없다. 아니, 애당초 케어 불가능한 사항이다.

물론 바쁜 현대 사회에서 많은 여성들이 자신의 능력을 인정받으며 사회 생활하고 있다. 때문에 보육 기관에 아이를 맡기는 것은 싫고 좋고를 떠나 선택의 여지가 없다.

그런 경우는 부모가 아이를 보살필 시간이 절대적으로 부족하다는 걸 안다. 아이 입장에서 보면, 부모가 회사에서 보내는 긴 시간 동안 부모의 사랑에서 잠시 멀어져 있는 것이 사실이다.

그 간극을 매우기 위해 아이와 함께 있는 시간만큼은 더 밀도 있게 보낼 필요가 있다. 어찌 보면 부모 입장에서는 훨씬 더 가혹해졌다. 사회에서의 자신의 위치가 몰고 오는 압박감과 업무 스트레스만으로도 감당하기 힘든 경우가 많다. 아이를 생각하면 집에서도 역시 그만큼의 노력을 기울여야 하니 보통 어려운 일이 아니다.

앞서 출산 과정에서 얘기했듯이 우리는 좀 더 아이 입장에서 생각할 필요가 있다. 부모가 된다는 것은 단순히 자식을 낳는 행위만은 아니다. 아이에게 좀 더 구체적으로 헌신해야 한다. 헌신이라고 쓰긴 했지만 거창한 것은 아니다. 아이와 열심히 놀아 주고, 책 읽어주고, 힘께 밥을 떠으며 대화하는 등 일상적인 것을 말한다.

승우는 다행히 온종일 먹고 자고 싸며 잘 지냈다. 한 가지 마음에 걸렸던 것은 한 달여 동안 아이 머리 위쪽이 벌겋게 부어 있었다는 점이다. 출산 시 삐죽이 나온 머리 윗부분을 의사가 계속 만지작거

렸기 때문이다. 괜히 애잔한 마음에 아이 볼을 비비곤 했다.

초보 엄마시절 승우가 칭얼대면 그 의미를 몰라 한참 헤매곤 했다. 시간이 지나서야 서서히 몇 가지 원인을 찾을 수 있었다. 모유 량이 모자랄 때 특히 칭얼댔다.

승우가 먹지 않을 때엔 젖이 아깝게 흐르고, 정작 먹이려면 젖이 잘 나오지 않았다. 흔히 물젖이라 한다. 방법을 조금 바꿨다. 분유와 혼합식을 해보기로 했다. 다행히 그 후부터는 배가 부른지 흡족해 했다.

모빌, 풍선, 방울소리

나는 천장에 모빌도 매달았다. 나비, 벌, 꽃 모양의 모빌이었다. 승우는 흔들리는 물체 쪽으로 눈길을 향했다. 모빌에서 눈을 떼지 못하고 열심히 그쪽만 바라봤다. 다양한 각도에서 볼 수 있도록 모빌의 위치를 가끔씩 바꿨다. 왼쪽에서 오른쪽으로, 가깝게 해줬다가 멀찍이 놓기도 했다.

무지개색의 풍선들도 매달아 보여 줬다. 아이는 그때마다 열심히 그것들을 바라봤다. 눈을 참 열심히 굴렸다. 승우는 모빌이 움직일 때마다 팔 다리까지 버둥거렸다. 어느 날 나는 승우의 발목에 방울단 풍선을 묶어 줬다.

자신이 움찔거릴 때마다 소리가 난다는 걸 아이는 인지했다. 아등바등거리며 헤헤거렸다. '저렇게 조그만 아이도 스스로 흥미 거리를 찾는구나' 하고 느꼈다.

이제 승우의 행동을 하나하나 관찰할 여유까지 생겼다. 아이는 육체의 변화가 가장 크게 나타나지만, 부모 역시 아이에 대한 이해의 정도가 점차 커져 간다. 그렇게 엄마와 아이는 함께 성장한다. 울고 웃으며 하나가 되어간다.

:: 옹알이

승우가 점점 옹알이했다. 옹알이할 때 맞대응을 열심히 해줬다. 눈도 마주치기 시작하더니 방실방실 웃기 시작했다. 아이의 웃음을 자주 보게 되니 이제야 아이와의 신뢰가 내 피부에 직접적으로 와 닿았다.

승우와 감정 교류가 되니 승우 아빠도 더욱 아이와의 시간을 즐겼다. 승우는 은연중에도 집안의 소리와 분위기를 감지하는 듯 했다.

아이마다 하루에 자신이 편안함을 느끼는 시기가 조금씩 다르다. 그 시간에 맞춰 잠깐씩 음악을 틀어 주는 게 좋다. 시간을 정해놓고 틀어주면 더욱 좋다. 자신의 마음이 편안한 때, 그리고 일정한 시간에 틀어주는 음악은 아이의 감성을 자극하고 안정감도 느끼게 해준다.

:: 출산 억제책

내가 한창 아이를 키울 당시에는 정부에서 출산 억제책을 펴고 있었다. 불과 30여 년 전 일이다. 그 당시 TV를 틀면 공익 광고가 많이 나왔다. '딸, 아들 구별 말고 하나만 낳아 잘 키우자', '잘 키운 딸 하나, 열 아들 안 부럽다', '하나씩만 낳아도 삼천리는 초만원' 등등 꽤나 고전적인 문구들로 출산 억제책을 알리고 있었다.

승우는 그 시대의 요청에 걸맞게 10년 동안 외둥이로 자랐다. 시대상은 불과 몇 십 년 동안에도 많이 변한다. 그 와중에도 내가 현대와 공감할 수 있는 연결고리가 '육아'라는 점은 어찌 보면 축복이다.

:: 보행기, 유모차의 명암

생후 3개월 쯤 보행기에 앉혔다. 컬쳐 쇼크였을 것이다. 누워서 고개를 두리번거리며 살펴보던 세상과, 직립하여 보는 360도의 세상은 매우 달라 보였을 것이다.

보행기의 바퀴가 움직일 때 마다 조금씩 따라 이동했다. 보행기를 타고 까치발로 종종거렸다. 사실 내가 아이보다 더 신났었다. 마냥 들떠 승우 앞에서 풍선을 흔들고, 나팔 장난감을 불어주며 아이와 놀아주곤 했다. 승우 역시 즐거워했다.

아이가 기고 뒤집는 시기에 보행기를 태우고 나는 틈틈이 내 볼일을 봤다. 그 맛에 승우를 보행기에 좀 오래 태우기도 했다. 기어야 할 때에 보행기를 오래 태우면 아기 넓죽다리 근육 발달에 악영향이 있다고 한다.

그로 인해 서는데 지장을 받는다고 한다. 손발을 이용해 기는 행동은 뇌를 자극하기도 한다니, 기는 행동 하나에도 여러 기능이 연관된다. 뒤늦게 알게 된 사실이다.

그때 느꼈다. 부모의 지나친 개입이 때로는 아이에게 좋지 않은 부분도 있다. 아기가 기어야 할 시기에는 기어야 한다. 시기마다 아기가 응당 경험해야 할 부분이 있다. 부모가 자신의 편리를 핑계로 그러한 경험을 제한한다면, 결국 아이에게 악영향이 간다.

∷ 수 없이 넘어져야 걸음마 배워

아이가 걷기 위해선 수 천 번에 가까운 연습이 필요하다. 대부분 부모는 아이를 보행기에 태워 넘어지지 않게 하려고 한다. 하지만 넘어져 보기도 하고 그에 따른 고통을 느껴 보는 것도 아이에게 중요한 경험이 된다.

그 게 왜 중요하냐면, 결국 자신에게 해가 되는 행동 양식에 대해 아이 스스로 학습할 기회가 되기 때문이다. 그걸 아이가 인지하게 되면, 그 시점부터는 스스로 알아서 위험한 일에 주의를 기울이게 된다. 아이의 자립심에도 영향을 끼치는 부분이다.

소위 말하는 '나쁜 경험'을 사전에 근절시키기 위해 부모가 대신 해주는 행동들이 쌓이면 결국 아이의 자립에 나쁜 영향을 준다. 아이가 큰 이후에도 그러한 영향은 크다. 자신이 기존에 경험해 보지 못했던 시련이 닥쳐오면 쉽게 좌절하고 어쩔 줄 몰라 한다. 온실 속의 화초로 크면 병약할 수밖에 없다.

보행기 태우는 행위를 예로 들어 말했지만, 그 자체가 잘못됐다는 것은 아니다. 적절히 사용하는 지혜가 필요하다. 유모차는 아이가 걸음마를 뗀 다음에 경험하게 해도 늦지 않다.

즉, 부모가 아이에게 해주는 케어의 정도는 아이가 이미 특정 경험을 성취한 후에 이를 보조해 주는 기능에서 머물러야 한다. 아이 스스로의 성취가 우선이다.

실수를 두려워 말고 열심히 넘어지고 일어서기를 반복하는 게 두뇌 자극에도 좋다고 한다.

다시 말하지만, 꼭 그 경험의 성격이 긍정적일 필요는 없다. 어릴 때의 좋고 나쁜 경험들이 쌓여 결국엔 인생의 자양분이 된다. 아이의 안위에 해가 되지 않는 한도 내라면 얼마든지 좋다. 최대한 다양한 경험을 해볼 수 있도록 유도하는 것은 부모가 해줄 수 있는 배려 중 하나다.

❸ 놀고, 먹고, 자고, 기본기 인생 절반의 성공

:: 내가~ 내가~ 할래! 탐정가

아이가 걷기 시작하면서부터 활동 반경이 좀 넓어진다. 옷도 자기 혼자 입으려 한다. 신발도 스스로 신으려 한다. 제대로 옷을 잘 입을 수 있는지는 둘째 문제다. 뭐든지 직접 하려는 욕구가 생긴다. 집안을 거의 난장판으로 만들어 놓는다.

어떤 때는 장롱 서랍에서 옷을 잔뜩 꺼내 놓아 도둑이 들어온 줄 착각했던 적도 있었다. 화장대 앞에서 루즈를 꺼내 방바닥에 온통 칠해 놓기도 하고 크림을 뒤엎더니 두 손으로 열심히 비비며 즐거워하기도 했다.

머리에는 아빠 털모자를 뒤집어 쓰고 땀을 뻘뻘 흘리기도 했다. 혼내야 할까? 아니면 그냥 놔둬야 할까 고민이 됐다. 아이의 경험을 그렇게 강조했던 나였음에도 당장 어질러진 집안 꼴을 보면 심하게 갈등하게 됐다.

지나고 보면 그 시기는 아이의 중요한 '탐색기간'이었다. 커가는 과정 중 하나다. 아이들은 그렇게 직접 만지고 느끼며 배워나갈 필요가 있다. 좀 힘들어도 아이의 욕구대로 따라 주는 게 정답이다.

아이가 새로운 사물을 경험하고 느끼고자 할 때 맘껏 하도록 허용해야 한다. 집안 살림이 잠시 어질러지는 것을 걱정하기보다 아이가 스스로 경험하고 싶어 하는 욕구가 사그라지는 것을 더 걱정해야 한다.

집안이 엉망이 되는 것은 아이 유년기의 몇 년이지만, 적기에 경험하지 못한 것에 대한 갈증은 꽤 긴 기간 동안 아이의 인지에 영향을 끼친다. 승우의 경우에는 1년씩을 기점으로 그 정도가 조금씩 약해졌다.

경험의 정도를 배터리로 본다면 그 시기의 호기심이 어느 정도 충족된 것이다. 아이가 더 이상 주변을 많이 어질러지지 않고 어느 정도 능숙한 방법으로 사물과 소통할 수 있는 때가 온다. 그 때까지 부모 역시 인내심을 가지는 것이 필요하다.

:: 코스 밟기

호기심이 충만한 시기를 잘 마무리 한 아이는 자신의 범주 안에서 충만한 경험을 쌓게 된다. 무엇이든 하나하나 과정을 밟아 나가는 게 좋다. 자동차를 만들 때 제작 과정에서 조립품 하나라도 빠지면 어떻게 될까? 아이도 마찬가지다.

대부분의 부모는 아이의 배우는 속도가 어른에 비해 심하게 느리다는 점, 집안을 너무 어질러 놓는다는 점 등에 불만이 있다. 나도 그랬다. 사실 이 시기에 아이가 주변 것을 열심히 탐색해 나가고 있다는 사실을 모른 체 말이다. 다음 차례로 넘어가기 전 밟아야 할 코스 중 하나임을 그 당시에는 몰랐다.

:: 코스별 연마

아이는 밥을 먹거나 옷 입을 때 그 방식이 매우 서툴다. 때문에 어른이 직접 나서 옷도 올바르게 입혀 주고, 밥도 빠르게 먹여 주려 하는 경향이 많다.

부모가 개입하면 할수록 아이의 자율성은 떨어지고, 그와 동시에 자신이 뭔가를 해보려는 의욕 또한 저하된다. 결국 아이가 경험할 탐험의 한 코스를 누락하게 된다.

아이가 손쉽게 무언가를 해낼 수 있도록 부모가 앞서 도와주는 것이 능사가 아니다. 부모가 개입하는 시기와 방관이 필요한 때를 잘 구분할 수 있어야 한다.

이 시기의 아이는 서툴지만 스스로 해나가면서 즐거움을 알아간다. 아마도 평생의 터 잡기라 말하고 싶다. 앞으로 살아갈 용기, 자존감을 스스로 쌓아간다.

:: 부모 되기는 쉬워도 좋은 부모 되기는 어렵다

아이를 낳아 부모가 되기는 쉬워도 정작 '좋은' 부모 되기는 어렵다. 일부 부모는 아이가 소위 자신의 바람이나 생각대로 되지 않을 때, 아이를 탓한다. 내가 이렇게 잘 해주는데, 왜 내 맘을 몰라주는지 하며 말이다. '잘 해준다' 라는 단어의 정의에 대해 생각해 볼 일이다. 아이 입장에서 잘 해준다 라는 개념이 어떠한 것인지에 대한 진지한 고민이 필요하다는 말이다.

∷ 잠버릇

신생아는 20시간 이상 잠잔다. 태어나 1년 동안 영아들은 많은 새로운 정보를 받아들인다. 새로운 정보 입수를 위해 얼마나 힘들면 아기가 잠을 그렇게 많이 잘까? 어른도 머리 쓰는 일을 하면 에너지 소모가 많다. 아이들도 두뇌 운동 후 휴식을 취해야만 더 새로운 것을 알 수 있다.

그렇다면 언제부터 수면 훈련에 들어가는 게 좋을까? 한 소아과 전문의에 의하면 생후 2개월부터 잠자기 훈련을 시켜야 한다고 한다. 일정한 시간에 잠자는 습관이 들면 엄마도 아기도 편하다.

생후 백일 이후부터는 수면 패턴이 어른과 비슷하게 바뀐다. 그 시기를 잘 활용하는 것이 좋다. 모든 습관은 시기가 중요한데 특히 수면 습관은 빠를수록 좋다.

편안히 잘 수 있게 분위기를 만들어야 한다. 자기 전에 목욕을 시키고 컨디션을 좋게 한다. 불빛과 소음 역시 가급적 줄인다. 아이가 잘 시간을 감지하도록 반복 훈련이 필요하다.

가르칠 것은 일관성 있게 가르쳐야 버릇이 든다. 어떤 아이는 한

번 잠들면 오랜 시간 자는 아이도 있다. 아이가 먹지도 않고 자면 영양에 문제가 되지 않을까 걱정하는데 백일 후라면 크게 문제가 안 된다. 단 백일 전에는 중간에 깨워 먹이는 게 좋다.

승우는 그나마 잠버릇이 좋은 편이었다. 한번 자면 대여섯 시간 정도 깨지 않고 잤다. 깜깜한 방에 재워 그랬지 싶다. 굳이 꼬마전구도 켜둘 필요 없다. 밤은 깜깜하다는 걸 알게 하면 그것이 습관이 되어 어두워지면 자려고 한다.

누구에게나 생체리듬이 있다. 반복적으로 체화되면 훌륭한 잠자기 습관이 된다. 엄마는 아이의 잠버릇 하나만으로도 육아가 훨씬 수월해진다. 아이가 낮밤이 바뀌어 고생하는 부모들이 얼마나 많은가?

아기 때일수록 통제가 쉽다. 강아지도 어릴수록 습관들이기 쉬운 것처럼 아기도 맨 처음이 중요하다. 습관은 뇌에 입력된다. 4개월 정도 되면 잠 습관을 익히고, 8개월부터는 잠자기 습관이 굳어진다.

꿀잠만큼 좋은 것도 없다. 아이의 좋은 행동을 반복하여 습관으로 만들자. 중간에 몇 번 바뀔지언정 일생의 수면 패턴이 된다. 인간의 수면은 일상 생활을 제어할 정도로 예민하다.

:: 먹는 습관

승우에게 처음 수저를 사용해 음식을 먹게 했을 때, 식탁을 지저분하게 하고 입에 제대로 떠 넣지도 못하니, 어른 입장에서는 답답했다. 아예 떠먹여 주는 게 속 편했다. 몇 번 그렇게 해주니 나도 편하고 승우도 빨리 밥을 해결할 수 있으니 서로 나쁠 게 없어 보였다.

그게 계속되자 승우는 입만 벌리고 도통 자신이 밥을 떠먹으려 들지 않았다. 아차 싶었다. 스스로 배울 기회를 박탈한 셈이었다. 나는 늦게나마 아이에게 수저를 돌려주었다.

가장 좋은 먹거리는 허기라고 했다. 적당한 허기로 감사히 먹는 습관을 들이도록 유도하자. 밥은 정해진 시간에 적당한 양을 주고, 되도록 과자 등 간식거리는 사지 않았다.

적절한 식간 공복은 몸에도 좋다. 밤 늦게 먹는 습관이 들지 않도록 주의를 기울이고, 물을 자주 마시는 습관을 들이는 것이 좋다.

간식을 자주 먹이면 당연히 밥맛을 잃을 수밖에 없다. '차라리 아이를 굶겨라'라는 재밌는 제목의 책도 그런 내용이다. 저자는 농약, 화학조미료, 오염물질 덩어리인 음식들을 아이에게 먹이느니 차라리 굶기라고 주장한다.

어려서부터 단 것을 많이 안 먹여서인지 승우는 지금도 초콜릿 등 단 음식은 그리 좋아하지 않는다. 아이의 식습관에 부모 역시 많은 영향을 끼친다고 볼 수 있다.

공감, 놀이, 스킨십,
칭찬은 한 세트

∷ 백일과 돌잔치, 잘 자라고 있다는 칭찬

옛 말에 이런 말이 있다. '백일까지 잘 자라면 3년을 잘 자라고 3년을 잘 자라면 10년을 잘 자랄 수 있다.' 흔히 백일까지 아이가 잘 자라면 한 고비는 넘겼다고 한다. 백일잔치의 의미도 그것이었다.

그렇게 승우도 백일을 맞이했다. 잘 웃고 눈웃음도 지으며, 밥도 잘 먹은 탓에 포동포동 살도 올랐다. 백일은 별다를 것 없이 평범하게 보냈다. 대신 돌 때는 집안 식구들을 초대했다. 그때만 해도 돌잔치를 집에서 치르곤 했다. 그 돌잔치도 아이가 잘 자라고 있다는 뜻의 칭찬이라 할 수 있다.

좋은 칭찬 한 마디는 두 살을 젊게 한다고 작가 마크 트웨인은 말했다. 그렇듯 아이가 여러 사람의 관심과 칭찬 속에서 돌을 기점으로 자신감과 자신의 활동 범위를 넓혀가게 된다.

승우가 돌잡이로 연필과 실을 잡았다. 돌잡이는 돌잔치에서 쌀, 붓, 활, 돈, 실 등을 펼쳐놓고 아이가 집는 물건을 아이의 장래와 관련하여 미래를 점쳐보는 의식이다. 요즘은 골프공이나 청진기 등 여러 가지 물건을 추가하기도 한다. 승우 할머니는 너무나 기뻐하셨다. 당신의 손자가 연필을 잡아 공부 잘 할 것이고, 실은 장수를 뜻한다고 하셨다.

사진관에 가 돌복을 입고 사진도 멋지게 찍었다. 그날 승우는 돌 주인공이라 여러 가지 처음 겪는 일로 힘이 들었을 것이다. 그렇게 아이를 축하해 주는 의식 속에 집안의 구성원으로 인식되어진다.

남편 쪽 7남매 식구와 나의 5남매 식구들이 모이니 집이 북적거렸다. 승우는 그렇게 많은 사람들을 처음 봤을 것이다. 눈이 한껏 커져서는 자신의 주위에 빼곡한 사람들을 일일이 쳐다보느라 정신없어 보였다.

선물로 받은 금반지를 팔아 오디오를 장만했다. 나보다는 승우가 더 많이 사용하게 할 심산이었다. 당시 판매하던 동화책에는 그 내용을 녹음한 카세트테이프가 딸려 왔다. 승우는 그것을 열심히 듣곤 했다.

:: 머리카락 자르기

배냇머리는 엄마 뱃속에서부터 가지고 나온 머리카락이다. 갓난아기의 머리카락은 대체로 백일 이후나 돌쯤에 깎아준다. 배냇머리는 저절로 빠지는 경우가 많다. 대부분 한번쯤은 밀어줘야 한다는 말에 나도 승우 돌 지나고 밀어준 적이 있다.

그 후부터는 내가 이발 가위와 두르게 천을 사서 집에서 잘라 주었다. 머리카락을 자를 때면 온갖 회유를 다 해야 했다. 아이들은 그 몇 십 분의 시간을 견디기 힘들어 한다. 더구나 바르게 목을 가누고 엄마의 지시에 따라야 하니, 아이로서도 많은 인내심을 발휘하는 경험이 될 것이다.

:: 이 나기와 닦기

돌이 지나니 승우가 하고 싶은 게 많아졌다. 이도 자기가 닦겠다고 칫솔을 입에 물고 흉내 내곤 했다. 7~8개월 정도부터 아랫니 2개가 나오기 시작했다. 아이마다 이 나는 순서나 시기는 다 다를 수 있다. 그 때 유치를 보존하기 위해 가제 손수건에 물을 묻혀 이를 닦아 주기도 했다.

이가 날 때 잇몸 주위가 간지러워지고 아프기도 하다. 그 시기에 침도 많이 흐르고 짜증을 내기도 하며 열이 나기도 한다. 밥을 물고 삼키지 않는 경우가 있다는 것도 이날 때 한 증상이라는 걸 그때 당시는 몰랐다.

그럴 때 아이가 딱딱한 물체로 가려움을 해소하게 하는 것도 방법 중 하나다. 그렇듯 아이도 몸과 마음이 자라는 과정에서 성장통을 겪지 않는 게 없다. 그것을 인지한다면 아이 기르는 데 인내가 되리라 믿는다.

:: 낯가림

아이는 대개 6개월이 지나면서 2세 정도까지 낯가림을 한다. 낯가림이란 아이가 사람을 알아보는 기억 능력이 발달하는 과정으로 일종의 자기표현 방법이다. 아이마다 낯가림의 정도가 다르다. 승우는 7개월 정도에 낯가림이 시작되었다. 심한 정도는 아니어 무난히 그 과정을 넘길 수 있었다.

낯가림이 시작되면 아이가 늘 가까이 지내던 엄마나 주 양육자와는 편안해 하고 안정을 느낀다. 그에 반해 낯선 사람을 경계하며, 애착 형성이 잘 된 사람과의 관계 때와는 다른 행동을 보인다. 낯가림은 아이의 뇌기능이 잘 발달됨과 동시에 아이의 인지와 감정이 자라고 있다는 증거이다.

:: 시간을 돌려주세요!

최근 뉴스를 보니 우리나라의 아빠가 아이와 놀아주는 시간이 하루 6분으로, OECD 국가 중 최하위라고 했다. 유아 관련 학자들이 말하길 1주일에 40여 시간 아이가 언어에 노출되어야 하고, 하루 적어도 3시간은 아이와 보내야 한다고 한다. 요즘 부모들이 모두 바쁜데 그 시간을 어떻게 돌려줘야 할까?

선택과 집중으로 아이에게 시간을 주어야 한다. 그렇다고 사회 생활을 하는 사람의 경우, 회사의 업무 시간을 줄일 수는 없다. 결국 주말이라도 최대한 활용해야 한다. 주간의 피로가 쌓여 많이 피곤하고 힘들겠지만, 당신의 손길이 필요한 곳이 남도 아닌, 바로 당신의 아이라는 것을 생각해야 한다.

:: 통큰육아

지금 커가는 아이에게 필요한 것은 돈보다도 부모와 함께 보내는 시간 그 자체이기 때문이다. 시간을 주어야 하는 절대적 시기이다. 출생에서 만 3세까지의 육아는 아이가 아직 유연해서 성격을 만들기 쉬운 때다. 이 때 통을 크게 만들 수 있다는 뜻에서 내 나름의 '통큰 육아'라고 이름 붙이고 싶다.

한 교육학자에 따르면 영유아기에 스킨십, 공감, 칭찬, 놀이가 충분히 채워지지 못하면 어른이 되어도 늘 궁핍함을 느낀다고 한다.

그 결과 다음의 행동으로 이어진다. 식탐이 많아 아이에게 자꾸 먹이려는 성향이 있다. 욕심껏 물건을 가지려는 마음, 사랑의 결핍으로 남자는 차에 집착하거나, 여자는 옷 욕심을 부린다. 공감부족으로 잔소리를 많이 하게 된다고 한다.

인생 드라마
서막 ⑤

:: 모방

아이는 어른의 모습을 쏙 빼 닮는다. 사람을 만날 때 맨 처음 하는 것이 인사이다. 인사성이 바른 아이는 친근감이 가고 누구에게나 사랑받게 받는다. 부모는 자기 아이가 그런 아이이길 바란다. 낯가림하는 시기인 24개월이 지나면 아이에게 차츰 인사하는 법을 가르치면 좋다.

갑자기 낯선 사람에게 인사하기란 아이로서 그리 쉽지 않다. 부모가 먼저 본을 보이면 아이는 따라 한다. 아니면 역할 놀이를 통해 안녕하세요? 고맙습니다. 감사합니다. 죄송합니다 등의 역할을 대신해 보면 효과적이다. 또 예절 관련 그림책을 보며 서로 연습하면 편안히 배울 수 있다.

모방 사례를 연구한 반두라의 '사회 학습이론'에 따르면 여자아이보다는 남자아이가 공격적 행동을 모방이 훨씬 많았다.

남자 아이는 가정 폭력을 금세 보고 배운다. 특히 아들 앞에서의 가정 폭력은 대물림이 된다. 공격적 언어도 빨리 흡수해 욕설이나 비속어도 모방한다. 이를 보면 부모의 언어와 행실이 모범을 보여야 아이가 보고 자란다는 것을 알 수 있다.

대부분 사람들은 운전할 때 말이 사나워지곤 한다. 한 예를 들어 보자. 휴일 아침 아빠와 5살 딸이 드라이브에 나섰다. 주행 중 옆 차선 차가 갑자기 추월했다. 그걸 보고 있던 아이가 뭐라고 말했을까? 아이의 말이 가관이었다. "아빠! 저 아저씨, 쌍놈이지?"였다. 평소 부모가 한 말을 그대로 쓰는 5살짜리의 태도, 웃어야 할지 울어야 할지다.

:: 적기 교육

영아기 아이를 스펀지나 밀가루반죽에 비유한다. 스펀지처럼 빨아들이고 밀가루반죽처럼 만드는 대로 모양이 잡히기 때문이다. 발단 단계마다 적기교육이 필요하다.

적기교육이란 아이의 발달 단계와 준비 정도에 맞춰 그 시기에 꼭 맞는 교육을 받게 하는 것을 의미한다. 적기교육과 조기교육과는 다르다. 조기교육은 선행학습을 말한다.

저성장 기조로 점점 맞벌이 부부가 많아지고 있다. 여성의 직장 생활로 주 양육자가 아빠일 수도, 할머니일 수도 있고, 위탁모일 수도 있다. 위탁모와 엄마와의 양육 패턴이 중요하다. 이 관계에서 양육 방식이 다르면 아이가 혼란스럽고 애착관계에도 문제가 발생할 수 있다.

:: 패턴 기록 황금기

3살 전까지 패턴 기록 황금 시기에 온가족이 매달려 아기를 키워야 한다. 아프리카 속담에 '자식 하나를 기르려면 온 동네가 필요하다'고 했다. 그만한 관심과 사랑과 배려로 인간이 성장한다고 봐야 한다.

핵가족 시대가 되면서 엄마는 혼자서 자식을 키운다. 대가족 제도에서는 가족이 함께 일하고 육아도 공동으로 했다. 그런 전통 풍습이 사라졌다. 조부모들의 극진한 사랑과 동네 사람들의 관심, 친인척 간의 사랑이 배제되었다. 요즘 엄마들이 자식 기르기가 힘든 이유다.

그 어려움의 대부분을 사교육에 의지하려는 경향이 있음은 부인할 수 없다. 유모차부대의 조기교육도 성행하고 있다. 그 현상은 점점 더 내려가는 추세이다.

최근 보도에 태교하는 엄마 중에 직접 자신이 수학, 영어 공부를 하며 스트레스 받는다고 한다. 오히려 태아에게 역효과라 한다.

'영유아기에 과도한 지식 전달을 하게 되면 귀중한 아이의 뇌를 망가뜨릴 수 있다. 하물며 뱃속에 있는 태아에게는 더욱 그렇다.' 서유헌 교수는 말한다. 시류를 쫓기보다 중심을 갖고 적절히 대응해야 한다. 훌륭한 부모 뒤에 훌륭한 아이가 있다.

어느 엄마는 2살 난 아이를 조기 교육으로 유학까지 보내는 경우도 있다. 5살에 돌아온 아이는 유치원에서도 적응하지 못한다. 한국어 발음이 이도 저도 아니라, 친구들로부터 이상한 아이로 취급받는다. 그 엄마는 자기가 이루지 못한 영어의 꿈을 자식에게 투사했다. 많은 돈과 시간을 투자했지만, 잃어버린 아이와의 시간을 어떻게 찾을 것인가?

황금기를 함께

집에 있는 엄마가 교육에 자신이 없다며 아이를 육아 시설에 보내는 경우도 있다. 자식을 집에 데리고 있는 것보다 나으리라는 생각으로 보낸다면 재고해야 한다. 그 시기는 엄마 혹은 엄마를 대신한 양육자와의 관계에 따라 성격이 형성되는 중요한 시기다.

요즘 소아정신과를 방문하는 아이들의 숫자가 점점 많아지고 있다고 한다. 통계에 따르면 병원을 찾는 나이가 점점 더 어려진다. 이는 우리 아기들이 어려서부터 혹사당한다는 증거다.

사교육 현장에는 인정과 사랑은 눈곱만치도 없고 비교와 서열만 있을 뿐이다. 아이는 정서적 안정과 사랑을 먹고 자란다.

아이도 인격이 있어 억지로 하는 일엔 별 흥미가 없다. 자기 내면에서 우러나 스스로 선택한 일은 즐겁고 행복하다. 성과도 크다. 울며 겨자 먹기 식의 학업은 가짜일 수밖에 없다.

큰 그릇 만들기

인생 드라마 서막, 인생의 Key는 영유아기에 달려 있다. 아이의 시기마다 해야 할 일이 있고, 하지 말아야 할 일이 있다. 지혜로운 부모는 분별할 줄 안다. 양육철학이 여기서 발휘된다.

"인간은 어린 시절에 가장 많은 암시를 받기 쉽다. 논리는 어른이 실제로 보여주는 본보기에 비하면 천분의 일의 영향력도 가지지 않는다. 그러므로 어린이가 보는 앞에서 잘못된 본보기를 보여주면서 그들을 훈계하는 것은 헛되고 우스꽝스러운 일이다." 라고 톨스토이는 말했다.

우리는 죽을 때까지 배우며 산다. 어린이에게도 배울 점이 많다. 천진난만, 순수, 맑음 등등이다. 아쉽게도 어른은 그런 감정이 사라진다. 그 자리에 사리사욕, 분노, 화 등이 차지한다. 부모가 풀지 못한 욕심을 아이에게 요구하기도 한다.

:: 끝내는 엄마 ··· 아이 의욕을 Down 시키는 엄마

　자녀를 내 소유물로 여긴다. 자녀는 아직 어리니까 별 생각이 없다. 산모의 몸이 우선이므로 폭력적 분만을 거리낌 없이 받아들인다. 제왕절개 등의 수술로 항생제를 먹으니 아기에게는 어쩔 수 없이 우유를 먹인다. 낳자마자 신생아실의 아이와 별거한다. 아기는 별천지에서 구조요청하나 벽창호에 부딪혀 실망, 낙담한다. 엄마 몸조리가 먼저이니 아기는 우유 먹일 때만 안아주고 울어도 적당히 대처한다. 아기의 울음은 보채기일 뿐이다. 아기의 욕구를 알아채지 못한다. 아기는 더 심하게 울고 밤잠을 안자고 낮밤이 바뀐다. 안아야만 잠들고 밤을 꼬박 지새운다. 기는 행동 대신 보행기를 많이 태운다. 칭얼댈 때마다 간식을 주고 잠버릇은 나중에 잡힌다고 생각한다. 아직 어리고 귀여우니 버릇 들이는 것을 소홀히 한다. 낯가림이 내성적 성격을 가져서 라고 단정한다. 이가 아직 안 난다고 안달한다. 배냇머리를 자르려 애와 실랑이를 벌인다. 부모가 언행불일치하면서 아이에게 훈육한다.

:: **끝내주는 엄마** ···· 아이 의욕을 Up 시키는 Upmom

자녀도 하나의 인격체다. 출산과 동시에 모든 경험이 뇌에 기록됨을 안다. 폭력적인 분만을 피한다. 출산 전 유선 관리를 해 초유와 모유를 적극적으로 먹인다. 출생 후부터 아기와 함께 지내는 것을 원칙으로 안다. 그때부터 아기와 애착관계가 형성된다. 신생아는 3개월까지 무조건 안아준다. 아기가 울면 즉각 반응을 보인다. 아기의 울음은 언어다. 생후 24시간 안에 아기의 언어를 잘 파악해 배고픈지, 젖어서인지, 더워서인지, 목이 마른지를 빨리 간파해 상호 신뢰한다. 각 시기마다 코스별 체험을 스스로 할 수 있도록 허용하고 배려한다. 시장이 반찬이라고 아기가 웬만큼 크면 3끼 식사에 2번 간식으로 공복기를 가진다. 잠버릇은 2개월부터 시작해 8개월째에 완성시킨다. 인생의 key는 영유아기다. 유연할 때 큰 그릇의 터를 마련한다. 낯가림은 인지와 뇌의 발달이니 당연한 코스라 여긴다. 아기가 이 나고 머리 자르는 과정도 다 고통이 따른다는 점을 이해한다. 아이가 부모를 모방하는 것을 알고 언행을 조심한다.

Chapter

아이의 능력을 과소평가하지 마라.

단지 미숙할 뿐이다.

2

조각난
그림을
하나로

① 조각난 그림을
하나로

:: 그림책, 오감으로 보답하다

승우가 백일쯤 되자 보행기에 앉아 보내는 시간이 조금씩 늘었다. 승우와 눈높이를 같이 했다. 어르고 노래해 주면 좋아했다. 그림책도 읽어 주었다.

최초 어린이를 위한 그림책의 개발자는 17세기, 모라비아 교육학자 코메니우스이다. 그는 그림이 들어있는 '세계도회'를 만들었다. 감각 경험을 통해 사물을 보고 느낀 뒤 그 다음 언어로 배우도록 구성했다. 어린이 그림책에 그림이 삽입되는 계기가 되었다.

아이들이 책보기가 훨씬 편해졌으니 얼마나 다행인가? 승우가 6개월 쯤 앉기 시작했다. 그즈음 서점에서 한권의 책을 발견했다. 많은 사진과 그림들이 실려 있는 여행 안내 책자였다.

실생활의 축소판이었다. 각종 사물과 지역들이 등장했다. 재질도 좋았다. 종이도 얇아 승우가 갖고 놀기에 적합했다.

보통의 유아용 책은 내구성을 위해 책 페이지가 매우 두껍기 마련이다. 그런 책은 승우 혼자 페이지를 넘기며 보기 힘들 거라고 생각했다. 책장도 스스로 넘기게 연습시킬 생각이었다. 지체 없이 책을 구입했다. 어른들을 위한 책이었지만, 승우가 보면 오히려 독특한 경험을 할 수 있으리라 믿었다.

아직 생후 6개월의 꼬맹이였지만, 사물 전체 모습이 담겨있는 그림책을 보는 것은 좋은 자극제였다. 유아용 그림책과 다른 점은 사진들과 그림들이 매우 '복합적'인 사물들을 한꺼번에 보여주고 있다는 점이다. 축구 경기장 사진이 등장하면, 당연히 거기 앉아 있는 관중들과 흩날리는 깃발, 축구공, 골대 등등이 한꺼번에 찍혀 있었다.

그에 반해 유아용 그림책은 매우 단편적인 이미지들이 주를 이룬다. 한 페이지에 큰 사과가 하나 떡하니 그려져 있다. 자동차 하나, 호랑이 하나 이런 식이다. 난 아이가 사물과의 관련한 큰 그림을 보기 바랐다.

예를 들면, 포크라는 단일 물체로 등장하는 것이 아니라, 포크와 파스타가 함께 있는 그림을 보길 원했다. 그쪽이 더 실생활과 맞닿는 자연스러운 이미지이기 때문이다. 물론 어린아이에게 그런 기대를 하는 것은 무리임을 알고 있었다. 하지만 적어도 좀 더 사실적인 이미지를 보여주고 싶었다.

아직 6개월인 승우는 책을 보다가도 물고 빨고 찢기 바빴다. 하지만 문제될 게 없었다. 그러면서 자연스럽게 오감도 발달할 것이기 때문이다. 책에 있는 그림과 사진들을 잠시 시간을 내어 아이가 스스로 바라보고 관찰한다면, 그것으로 족하다고 생각했다.

아이의 손으로 직접 만지며 놀면 훨씬 친숙해진다. 책도 그렇다. 아직 어리니까 만지지 못하리라는 생각은 착각이다. 고사리 손으로도 얼마든지 책을 '가지고 놀 수 있다'는 사실을 염두에 두자. 어른처럼 올바르게 앉아 글자를 또박또박 보지 않아도 좋다. 그 시기에 아이가 할 수 있는 방식으로 책과 소통하면 된다.

부모는 항상 자신의 아이가 아직 어리고 미성숙하다는 사실을 염두에 두고, 그에 맞는 기대와 칭찬을 해줘야 한다. 너무 큰 기대를 해서도 안 되고, 아이가 나름의 방식으로 최선을 다하는 소통 방식에 격려를 보내야 한다.

수많은 육아서, 교구, 책 등이 쏟아져 나오지만 자기 아이에게 다 맞는 건 아니다. 취사선택이 필요하다.

생후 6개월, 전환기를 맞다

다시 한 번 말하면 아기들은 생후 6개월 정도부터 손으로 물건을 잡는다. 승우가 앉기 시작하자 나는 서점에서 구입했던 그 여행 책자를 보여줬다. 아니나 다를까 유아용 책보다 그걸 더 좋아했다.

단편적인 이미지의 열거로는 한계가 있다는 생각이었다. 언어도 통 문장을 구사하듯, 그림도 통으로 보여줘야 하다고 생각했다. 물론 선호도에는 개인차가 있을 것이다. 자신의 아이가 더 선호하는 쪽으로 가면 된다.

혹자는 아이를 마냥 어린 존재라 생각해 이건 되고 저건 안 된다며 섣불리 규정하려 한다. 옳지 않은 방식이다. 아이를 한 인격체로 대하려면 어떻게 하면 될까? 귀한 손님이나 친구처럼 대하면 된다.

만약 외국에서 귀한 손님이 왔다고 치자. 어떻게 대할까? 그들에게 한국을 알리려고 최선을 다할 것이다. 서울에 있다면 고궁에도 가고, 명동 혹은 강남 거리를 소개하거나 인사동에도 같이 가보는 등 공을 들일 것이다. 이 세상에 처음 온 아기라는 손님에게도 그렇게 대해 주자. 그 눈높이에 맞춰야 한다.

염소의 말뚝

내가 어릴 때 집에서 흑염소 한 마리를 키웠다. 풀이 많은 곳에 염소를 메어 놓곤 했다. 그때 염소 목에 매단 목줄의 길이에 따라 풀밭의 영역이 결정된다. 그 영역 밖은 염소에게 있어 미지의 세계다. 염소가 메어있던 자리마다 동그랗게 풀이 사라져 가곤 했다.

해가 뉘엿뉘엿 지려할 때 염소를 데려 오는 것은 내 몫이었다. 염소는 힘이 세고 고집도 세다. 자기 맘에 안 들면 뿔로 받는 성질이 있다. 염소는 항상 나를 앞질렀다. 뒤에서 강아지처럼 졸래졸래 쫓아 오는 법이 없다. 내가 염소를 끄는 게 아니라, 염소에게 내가 끌려가는 꼴이었다.

내리막길에서는 항상 긴장해야 했다. 어린 나의 사정을 전혀 봐주지 않고 냅다 달리기 때문이다. 자칫 잘못해 목줄을 놓쳤다간 염소는 어디로 달아날지 모른다.

그런 염소를 제어하는 역할을 해줬던 것이 바로 '목줄'이었다. 목줄은 한편으로는 구속이었지만, 염소의 안위를 책임지는 안전장치이기도 했다. 내 아이에게 나는 부모로서 든든한 목줄이 되어야 하지 않나 생각했다. 안전한 울타리로써의 역할을 하고, 위험을 방지해주는 그런 목줄 말이다.

그 목줄의 길이는 한없이 길었으면 했다. 넓은 영역의 풀을 뜯고 경험할 수 있도록 말이다. 그만큼 아이의 영역이 넓어질 테니 말이다. 나중에 성인이 되어 더 이상 목줄이 필요 없을 때까지 역할을 다하고 싶다고 생각했다.

:: 손님 대접

손님을 융숭하게 대접할수록 아기손님은 기분이 좋아지고 품격이 높아진다. 안내하고 뒤에서 지켜보라. 그리고 아기손님이 익숙해질 때까지 기다려라. 색다른 경험을 시켜주고, 자연 경관을 보이거나 느낄 수 있는 명소를 같이 방문하는 것도 좋다. 문화를 배울 것이다.

영유아기에 오감이 발달한다. 오감이란 시각·청각·후각·미각·촉각 등의 5가지 감각을 말한다. 영 유아기 아이들은 직접 보고, 듣고, 만져보는 행위를 통해 사물을 파악하다. 오감 놀이는 표현력과 창의력을 높이는 기반이 된다.

"만약 우리가 어린이들의 마음속에서 사물에 대한 참되고 확실한 지식이 자라게 되기를 원한다면 실제적인 관찰과 감각적인 지각에 의하여 모든 사물들을 배울 수 있도록 그들에게 특별한 관심을 기울여야 한다."17세기 최대의 교육자이며 사상가인 코메니우스의 말이다.

지식은 감각에서 시작하여 기억으로 가기 때문에 감각 교육이 모든 학습의 기초가 된다고 보았다. 부모의 보호를 가장 많이 받아야 할 시기가 출산 직후이다.

인간 발달 시기 중 영유아기의 성장이 가장 빠르다. 영유아기 때 뇌의 70~80%에 달하는 부분이 이미 완성된다고 한다. 놀라운 일이다. 이 시기의 여러 경험이 뇌에 축적된다.

❷ 반 토막 언어를
일상어로

:: 유아어 대신 바른 언어

아기가 태어나자마자 처음 들은 말은 평생 뇌리에서 지워지지 않는다. 물론 구체적인 단어들은 금세 망각한다. 하지만 그때의 감성적 신호들이 각인된다. 들은 것뿐만 아니라 경험한 모든 것이 마치 동영상처럼 녹화되어, 잠재의식을 형성하고 아이의 행동에 은연중 반영된다.

갓난아이에게 굳이 유아어를 쓸 필요가 있을까? 내가 말하는 유아어란 '때찌, 맘마, 까까 등 주로 아이를 대상으로 사용하는 언어를 말한다. 난 굳이 그럴 필요가 없다고 생각했다. 어릴 때부터 일상 언어를 들려줘야 한다는 견해다.

나는 승우에게 흔히 쓰이는 유아어 대신 일상어로 말했다. 맘마 대신 밥이라고 했고, 때찌 대신 혼나야 겠네 라고 말했다. 반응은 물론 없었다. 그냥 엄마 얼굴을 물끄러미 바라볼 뿐이었다. 대부분 나혼자 말하는 시간이었다.

하지만 내가 승우에게 좀 더 다양한 언어를 들려주고 있다고 믿었다. 언어를 풍성하게 알려주고 싶었다. 다양한 화제를 찾아 새로운 단어로 바꿔가며 이야기를 건넸다.

:: 언어 노출

　　나는 승우에게 책을 많이 읽어 주었다. 책 속에는 다양한 문장과 단어가 즐비하다. 아이의 귀를 풍요롭게 해야 한다. 단번에 그 성과를 바라면 안 된다. 차곡차곡 탑을 쌓아나간다는 생각으로 공을 들여야 한다. 나중에 아이 스스로 자신의 머릿속에 비축된 문장들을 꺼내어 활용하게 된다.

　　아기는 태어나기 전에 염색체에 기록된 유전적인 프로그램을 이어받고 아기의 개성 역시 부모의 심리적인 경험에 영향을 받기 때문에 부모의 이야기를 알아들을 수 있다는 것이다.

　　프랑스의 소아 정신 분석학의 권위자인 프랑소와즈 톨도의 말이다.

　　영유아기 때 듣는 것들이 정서 형성에 영향을 준다. 유아어를 사용하다보면, 부모들 스스로도 어느 시점부터 일상어로 말해야 할지 애매모호해 진다. 만약 그런 상태가 이어지면 결과적으로 아이는 고급 언어 습득이 느리고 어렵게 느껴질 수 있다.

　　그동안 적응해 왔던 언어와는 별도의 새로운 언어를 새로 익혀야 하는 것이다. 처음부터 일상어로 대화하면 그러한 부담을 덜 수 있다. 아이의 듣는 능력은 무한하다. 듣다가 말문도 트인다. 어디에서 자라든 아이는 그 환경에서 말을 습득하는 능력이 있다. 말은 듣기로부터 시작된다. 많이들은 아이는 그만큼 언어습득 역시 빨라진다.

:: 환경의 지배, 늑대소녀 카말라

다음은 아이를 둘러싼 환경이 얼마나 중요한지를 보여주는 예이다. 1920년 10월 17일 인도 동부 캘커타 마을의 늑대 굴 근처에서 발견된 늑대소녀 '카말라'에 대한 이야기다.

그녀가 처음 발견되었을 때 8살이었다. 마치 늑대처럼 행동했다. 한밤중에 허공을 향해 울부짖고 두 손과 두 발로 기어 다녔다. 음식도 날고기를 물어뜯어 먹었다.

인간 고유의 DNA를 타고 났어도 어떻게 자라느냐에 따라 이렇듯 행동양식이 달라지는 것이다. 우리 소중한 아이들은 천부적 기질을 타고났다. 어떻게 기를 지는 부모의 몫이다.

만약 잠시라도 방심하면 갓난아이는 생명까지도 위협받는다. 귀중한 생명체인 아이는 부모의 관심과 사랑 속에서 안전하게 자란다. 부모의 무관심으로 생명을 잃을 수 있다. 최선을 다해 보호해야 할 일이다.

우울증에 걸린 엄마가 아이에게 미치는 영향도 매우 크다. 인지와 언어 발달에 지장을 받는다. 자신을 추스르기에도 힘들 테니 아이에게 신경 쓸 여유가 없을 것이다. 아이는 거의 방치 상태로 자라고 부모와 비슷한 심리 상태가 된다. 스킨십이 없고 애착도 부족하니 엄마와의 교감도 없고 소극적으로 자라날 가능성이 크다.

양육자의 환경이 아이에게는 절대적이다. 부모의 몸과 마음이 건강해야 아이도 건강한 아이로 큰다. 매번 강조해도 부족함이 없는 얘기다.

나무 그늘을 이용하려면 20년 전에 심어야

그래서 부모가 됨에도 충분한 학습과 준비가 병행되어야 한다. 학생 신분으로 공부할 때는 선행학습에 관심을 가지면서 정작 자녀교육이나 부부와 관련한 선행학습은 왜 하지 않는지 생각해 볼 문제다.

속담에 이런 말이 있다. '나무 그늘을 이용하려면 20년 전에 나무를 심어야 한다.' 올바른 부모가 되기 위해 부모 역시 아이를 맞을 충분할 사전 지식을 준비해야 한다.

❸

토마토케첩
데커레이션

:: 먹는 것도 놀이다

"잘 먹는 기술은 결코 하찮은 기술이 아니며, 그로 인한 기쁨은 결
코 작은 기쁨이 아니다." -미셀드 몽테뉴

승우는 대체로 잘 먹는 편이었다. 다만 채소는 좀 꺼렸다. 나는 채
소를 잘게 썰어 오므라이스를 만들곤 했다. 그 속에 채소가 들어있
는 지도 모르고 맛있게 먹었다. 특히 승우는 노란 지단 덮인 오므라
이스를 좋아했다. 나는 때를 놓치지 않았다. 즐겁게 먹으며 동시에
놀이를 할 수 있는 절호의 기회였다.

오므라이스를 하는 날이면 나는 승우를 불러놓고 요리했다. 당근,
양파. 계란 등을 준비하고, 씻고 다듬은 다음 썰고 볶고 담고 양념을
뿌렸다. 꽤나 신기해 했다. 자신이 먹는 밥이 만들어지는 과정을 관
찰하는 것에 흥미를 보였다.

교육은 거창한 것이 아니다. 일상에서 겪는 이러한 소소한 제험들
이 책에서 배우는 그것보다 훨씬 확연한 이미지로 아이의 머릿속에
기록된다. 아이는 조리의 전 과정을 통째로 보게 된다. 그와 동시에
중간 중간 끊임없이 대화했다.

"이건 볶는 거야", "당근을 칼로 이렇게 썰어서 프라이팬에 담으면 돼"라며 다양한 쓰임의 단어를 끊임없이 말해 주었다. 나는 승우와 있으면 수다쟁이로 변신하곤 했다.

오므라이스가 다 완성된 후에는 노란 지단 위에 토마토케첩을 이용해 함께 이름을 썼다. 승우는 신기해 했다. 어느 날은 오므라이스 위에 1, 2, 3, 4 숫자를 적었다.

승우는 자신이 데커레이션한 글자들을 수저로 떠먹었다. 식사가 놀이의 일종이 된 것이다. 오물거리며 맛있게 잘 먹었다. 자신도 이 요리에 참여했다고 느끼는 것 같았다.

아이에겐 세상의 모든 게 아직 신비롭다. 엄마가 하는 모든 것에 호기심이 생긴다. 이 시기에 엄마도 덩달아 적극적으로 변해야 한다. 기회가 항상 있는 것이 아니기 때문이다. 아이가 커가며 신기한 것도 점점 줄어들게 된다.

요리를 함께 하기 시작한 후부터는 승우는 항상 지단 위에 이런저런 그림과 숫자를 그렸다. 나의 도움이 더 이상 없어도 혼자서 흉내 내곤 했다. 아이는 금세 배운다.

밀가루 반죽 놀이

그 후 놀이가 될 수 있는 또 다른 것들이 없을까 고민했다. 하루는 밀가루를 가지고 놀아보기로 했다. 밀가루를 적당한 묽기로 반죽해 비닐봉지에 담는다. 봉지 위를 봉하고 밑 부분에 자그마한 구멍을

냈다.

승우는 그 촉감이 좋은 지 그 놀이를 매우 즐겼다. 그걸 눌러 짜서 자동차도 그리고 집도 그렸다. 케익에 생크림 짜내는 도구를 이용해 장식하는 원리와 비슷했다.

승우가 재미있어 하니 색소도 준비했다. 밀가루에 색소를 타서 알록달록한 색상이 나오도록 했다. 신문지를 깔고 그 위에서 시간 가는 줄 모르고 밀가루 반죽 놀이를 했다. 당연히 집안은 엉망이 되었다. 승우는 그렇게 놀이 속에서 하루하루를 살았다.

:: 모든 것을 놀이로, 다만 안전에는 유의

아이의 놀이거리는 이렇듯 우리 주변에 자리하고 있다. 조금만 고민하면 아이와 즐겁고 행복한 시간을 함께 할 수 있다. 신문지를 접어서 거대한 종이접기 놀이, 스펀지로 물감 찍어 발라보기. 목욕하며 비눗방울 놀이 등등 모든 게 신나는 놀이다.

다만 아이의 안전에는 항상 유의해야 한다. 신나게 놀다가 자칫 자신의 몸을 돌보지 못하는 경우가 많기 때문이다.

안전사고는 눈 깜짝할 사이에 일어난다. 몇 가지 내가 경험했던 사항들을 예로 들어 이야기해 보려 한다. 누구나 겪는 에피소드는 아니지만, 거꾸로 말하면 누구에게나 일어날 가능성이 존재하는 일상의 위험들이다.

승우가 돌이 막 지났을 무렵 젓가락을 콘센트에 꽂았던 적이 있었다. 잠시 한눈을 파는 사이에 일어났다. 다행히 감전까지는 아니었지만 꽤나 찌릿찌릿한 충격을 느꼈던 모양이다. 아이의 손에 닿을 만한 콘센트는 모조리 테이프를 붙였다. 요즘엔 콘센트 안전사고를 대비한 보호 장치도 시중에 많이 나와 있다. 아이가 있는 집에서는 되도록 이용하는 것이 좋다.

아이들은 물놀이 역시 좋아한다. 따뜻한 여름에 물놀이가 제격이다. 물 속에서 한참 정신없이 놀다가 저체온 증에 걸리기 쉽다. 한번은 물에서 한참을 놀던 아이의 입술이 새파래져 깜짝 놀랐다. 담요나 커다란 수건으로 감싸 안고 체온을 높이며 따뜻한 물을 먹여 안정시켜야 한다.

어른의 베게며 이불도 조심해야 한다. 완력이 부족한 아이들은 어른의 베게에 눌려 위험해질 수 있다. 아이 목욕 중에 전화 받는 것 역시 주의해야 한다. 전화 받느라 깜박하는 사이에 아이가 물에 잠길 수도 있다

하루는 승우가 없어져 찾아보니 어느새 화장실 변기에 손을 넣고 있었다. 승우는 물장난하기를 좋아했다. 아직 몸을 가누는데 익숙치 않은 시기다. 자칫 그렇게 놀다가 머리부터 변기에 빠질 수도 있다.

하루는 동전이 목에 걸려 위급 상황까지 갔다. 무엇이고 입에 가져가는 시기에 아이의 안전은 말할 수 없이 중요하다. 아이가 갓난아이 시절을 벗어날 때까지는 집안에서 아이에게 해가 될 수 있는 부분은 되도록 차단하는 것이 좋다.

:: 엄마의 출산 기간, 총 4년

엄마의 출산 기간은 총 4년이라는 말도 있다. 임신 기간과 생후 만 3년을 포함해 출산 기간으로 봐야 한다. 아이 생후 만 3년이 지나지 않았다면 그 엄마는 아직 출산 중이다. 그만큼 아이와 한날한시 떼놓을 수 없는 관계라는 의미이기도 하다.

아이는 아직 미흡한 단계이므로 부모의 관심과 주의가 필요하다. 그러면서 아이가 원하는 범위를 넓혀 주자. 아이는 안전하게 배워 스스로 체득하는 경험을 쌓을 것이다.

그것이야 말로 값진 자산이 된다. 직접 몸으로 체득한 학습은 80%가 오래도록 기억된다고 하니 얼마나 소중한가?

숫자로 변신한 황금 똥

:: 작은 것에도 큰 관심 보이기

신생아는 하루에 대소변을 10번 이상 본다. 이유식을 먹으면서 변보는 횟수가 줄기 시작한다. 생후 12개월이 되면 하루에 2~3회 변을 본다. 고형식을 먹기 시작하면 소화하는데 시간이 걸려 변 횟수가 줄어든다. 엄마는 아이의 대소변 색깔에까지 예민해진다. 대소변은 아이의 건강을 대변해 주기 때문이다.

대변 색깔은 황, 녹, 쑥, 빨, 흰, 검으로 다양하다. 건강한 아이의 변은 황금 빛이다. 승우가 황금 빛 똥을 누면 '이건 6자 같네' 하며 승우 몸에서 나온 작은 것에도 관심을 갖게 했다. 그러다 보니 똥 누는 것도 놀이의 일부로 느꼈다.

가끔 승우가 밤에 자면서 실수로 소변을 볼 때가 있었다. 나는 무심히 그것을 처리했다. 잘못한 것에 대해서는 확실히 훈육해야 한다는 생각을 갖고 있던 나였다. 의도치 않은 잘못에는 그러한 잣대를 들이대서는 안 된다고 생각했다.

예를 들어 못된 마음을 가지고 일부러 친구를 때렸다면 혼내고 얼러야 할 일이다. 하지만 아이가 일부러 자다가 이불에 소변을 봤을

리는 없다. 어리기 때문에 생리적인 부분에 대한 제어 미숙으로 일어난 일종의 '사고'인 것이다.

아이의 어쩔 수 없는 잘못에 대해서는 부모가 너그러운 마음으로 수용해 줘야 한다. 아이에게 있어 불가항력의 일로 죄책감을 느끼게 해 위축되지 않도록 노력했다. 좀 자라면 말끔히 해결될 일이었다. 실제로도 그랬다. 문제 될 일이 아니다.

∷ 양육은 대물림

나도 어렸을 때 할머니 댁에 가서 자다가 이불에 지도를 그리곤 했다. 할머니는 그것을 못 본 척했다. 나는 그게 참 감사했다. 만약 할머니가 내 실수에 대해 혼을 내시거나 잔소리를 하셨다면 할머니에 대한 미안함보다는 반감이 더 컸을 것이다. 남의 실수를 덮어줄 줄 아는 아량이 있어야 한다는 것을 그때 배웠다.

양육은 대물림이라는 말이 있다. 부모 혹은 조부모로부터 받은 대로 자식에게 행동한다. 잘못된 고리는 과감히 끊어야 한다. 좋았던 점은 이어가고, 자신의 선에서 교정할 육아법은 과감히 좋은 방향으로 고쳐야 한다.

"문제 있는 아이는 없다. 단지 문제 있는 부모만이 있을 뿐이다." 에리히 프롬의 말이다.

요즘은 조부모가 손자, 손녀를 맡아 기르는 경우가 많아졌다. 부부가 모두 사회생활을 하는 경우가 늘다보니 자식을 기르려면 누군

가의 도움이 필요하다. 솔직히 워킹 맘들이 믿고 맡길 수 있는 사람
은 아이의 조부모일 것이다.

조부모는 조부모식의 교육관을 손자에게 답습한다. 물론 장단점
이 있다. 문제는 사회가 하루가 다르게 급변하고 있다는 점이다. 자
신만의 교육방식을 고집해서는 안 된다. 무엇이 좋고 무엇이 개선할
점인지를 잘 구분하여야 한다. 아이의 버릇이나 성격이 한번 고착되
면 고치기가 힘들기 때문이다.

잘못한 것은 땅에 묻고 잘한 것을 칭찬

아이가 스스로 의도치 않은 잘못에 대해서는 땅에 묻고, 잘한 것
을 캐내어 칭찬해 주어야 한다. 아이의 자신감과 자존감을 키워주는
일이다. 아이는 미숙하다. 연습을 거듭하며 완성에 이른다.

과거에는 자면서 소변을 자주 보는 아이에게 충격요법을 썼다. 오
줌싸개 아이에게 키를 씌어 이웃집에 가 소금을 얻어오게 했다. 아
이에게 모욕감을 줘 버릇을 고치려던 풍습이었다. 아이는 이웃이 뿌
리는 소금 세례를 받았다. 과연 그게 얼마나 효과적이었는지는 모를
일이다.

⑤ 소 근육 운동이
뇌 친구

:: 영유아기는 황금기

창의성과 자율성을 기르는 일은 매번 강조해도 부족함이 없다. 개성을 살려 아이의 잠재력을 발현하게끔 해야 한다. 영유아기 때 부모와 주변 사람들이 관심을 줘야 아이의 창의와 자율이 싹 틀 수 있다. 획일적, 기계적인 학습으로는 닮은 꼴 인생을 제조할 뿐이다.

소 근육을 많이 쓰면 뇌가 발달한다. 어려서부터 할 수 있는 한 손 쓰는 일을 하면 도움이 된다. 딸랑이로 놀기, 수저 사용, 그리기, 만들기, 가위질 등 손으로 할 수 있는 일들은 다양하다.

앞에서 말했듯, 한권의 여행 책자를 승우에게 보여줬을 뿐인데 얻은 것이 너무나 많았다. 사실 그 조그마한 고사리 손으로 책장을 넘기리라 상상도 못했었다. 아이는 해냈고 그게 이어져 그리기, 만들기, 조립 등등 다양한 손쓰기 활동이 시작되었다. 옆에서 보는 나는 칭찬을 거듭했다. 승우는 그 즐거움을 알아갔다. 이제 갓 태어난 아이도 여러 욕구가 있었다.

차츰 승우는 자기의 일에 집중했다. 아이가 놀 때도 엄마가 말을 걸거나 상관하며 노는 것을 간섭하지 하지 말아야 집중력이 생긴다.

공부할 때처럼 아이에게 놀이도 큰 공부이기 때문이다. 그렇게 늘어난 퍼즐, 장난감 조립, 그린 스케치북, 책이 수북수북 쌓여 갔다.

:: 손 놀이

아이가 스스로 떠먹으려 할 때 손으로 쥐어 먹든, 흘리든 크게 개의치 말아야 한다. 손으로 먹는 행위는 뇌와도 직접 연관된다. 말리기만 할 게 아니라 오히려 적극 권해야 한다.

지저분하고 비위생적이라고 하겠지만 현재 한창 이 세계를 탐험하는 중인 아이에겐 별로 문제되지 않는다. 탐험을 마친 아이는 눈에 띄게 성장한다는 것을 알게 된다. 그 영향력의 범위가 점차 넓어진다.

더 많은 것을 궁금해 하고, 직접 체험해 보려 한다. 부모가 제공한 체험의 자유 속에서 자신감을 얻었기 때문이다. 결국 그 힘으로 자신의 삶을 원대히 구축해 나가는 것이다.

"실제로 도움이 필요한 경우에만 어린이를 도와주어라."-루소의 어린이 교육 준칙 중에서 한 말이다. 아동은 선한 본성을 지닌 존재로서 악한 사회의 영향을 받지 않고 자연스럽게 교육되어야 한다고 했다.

다시 말하면 손으로 직접 할 수 있는 놀이는 무수히 많다. 승우는 주로 찰흙놀이, 밀가루반죽 놀이, 퍼즐 맞추기, 소꿉놀이, 책장 넘기기 등으로 소 근육을 원없이 사용했다.

⑤
풍요 속
빈곤

:: 디지털의 명암

아이뿐 아니라 어른도 TV 시청을 좋아한다. 승우도 만화영화를 무척 좋아 했다. 미국 수학 협회에서는 만2세까지는 되도록이면 영상물을 보지 못하게 하도록 권하고 있다. 굳이 영상 매체에서의 화면이 아니더라도, 아이가 보고 직접적으로 체험해야 하는 것들이 주변에 많다.

나는 승우가 보기 원하는 만화영화를 스스로 선택하고, 정해진 시간 동안만 TV를 보도록 했다. 그걸 지키지 않으면 일주일 간은 TV를 볼 수 없을 거라고 조건을 달았다. 우선 나부터 TV 시청을 자제하며 모범을 보여줘야 했다.

대신 승우와 함께 여러 곳을 돌아다니거나, 같이 요리해 먹거나, 오감에 좋은 영향을 줄 수 있는 놀거리를 찾았다. 아이에게는 그러한 경험이 TV를 시청하는 것보다 훨씬 더 중요하다고 생각했다.

연을 날려보기도 하고, 공놀이를 저녁 때까지 함께 하기도 했고, 모래상자 놀이를 하거나 딱지를 접어 놀기도 했다. 그중 커다란 모래 상자 놀이는 으뜸이었다. 상자에 모래를 가득 담아 베란다에 놓으면 그 속에 자그마한 레고 인형들을 숨기며 놀곤 했다. 시간가는 줄 몰랐다.

흙과 물은 놀잇감으로 최고다. 지금의 엄마들도 어린 시절 흙과 물을 갖고 열심히 놀았을 것이다. 한 연구 기관이 재미있는 실험을 했다. 3개월간 모든 장난감을 빼앗고 아이들이 어떻게 노는가? 하고 관찰하는 실험이었다.

실험 결과 아이들은 스스로 장난감을 만들어 놀았다. 작대기를 이용하거나, 자그마한 조약돌을 이용해 할 수 있는 놀이들을 스스로 개발했다. 우리 아이들도 얼마든지 창의적 장난감을 만들 수 있다. 아이에게 다양한 배경과 공간, 환경에서 놀 수 있도록 배려해 보자.

:: 끝내는 엄마 ··· 아이 의욕을 Down 시키는 엄마

아기에게 주어지는 책, 언어 등을 기존 습성대로만 답습한다. 아기 그림책, 유아어 등을 고민없이 쓰며 아기의 가능성을 열어 주지 않는다. 아기는 비 인격체라 여겨 어른 맘대로 대한다. 그것이 바로 불친절임에도 친절로 착각한다. 통제와 간섭으로 아기가 나서지 못하게 하고 모든 일을 앞질러 대신해 주며 사랑이라 착각한다. 직접 아기가 하는 소 근육 운동을 시키지 않는다. 뇌 발달 기회를 박탈한다. 허용의 목줄을 바짝 당긴다. 양육자의 환경은 그저 주어진 것이라 생각한다. 나무 그늘을 이용하려면 20년 전에 나무를 심어야 한다. 예비부모 때부터 자녀와 부부에 대한 지식을 가지려고 생각지도 않는다. 배움은 책상 앞에서 하는 것으로만 생각한다. 주변의 허다한 배울 거리를 그냥 스치고 지나간다. 아이를 놀이나 학습의 방편으로 디지털 기기와 친해지게 한다.

:: **끝내주는 엄마** ··· 아이 의욕을 Up 시키는 Upmom

아기에게 단순 이미지 대신 전체 이미지를 보여준다, 유아어 대신 고급 문장을 들려준다. 기존의 방식을 비틀어 생각하고 실천해 본다. 육아에서도 곧바로 적용한다. 아기의 목줄을 길게 늘려 자유로이 노닐게 한다. 아이의 가능성은 무한함을 인정한다. 단, 부모가 발전을 막는 경우가 많다는 걸 감지한다. 아기가 인격체라 낯선 곳에서 온 손님처럼 친절히 대한다. 양육자의 환경이 아기에게는 절대적이고, 준비하는 부모가 행복한 아이로 기를 수 있다는 신념이 있다. 아이 주변에 놀잇감 천지다. 일상에서 이루어지는 게 장기기억으로 체화된다. 교육은 거창한 게 아니다. 주변 모두가 교육의 원천이다. 영유아기의 뇌가 일생 중 성장 속도 면에서 가장 빠른 때다. 특히 소근육 운동은 뇌에 영향을 미친다. 아이들에게 디지털의 세계는 두 얼굴을 가진다. 거기에 빠지지 않게 부모가 주의한다. 어린이에게 디지털 기기보다 더 재밌는 놀이 겸 학습에 신경 쓴다.

Chapter

괴로운 시련처럼 보이는 것이
뜻밖의 좋은 일일 때가 많다.

- 오스카 와일드 -

3

사회성
기르려다
큰 코 다치다

빨간 신호등이
켜지다

:: 엄마와 떨어지기 싫은 33개월

　내가 육아에 조금씩 자신이 붙을 때쯤이었다. 그 때 외둥이 승우는 겨우 생후 33개월이었다. 외둥이라 사회성을 빨리 키워줄수록 좋겠다고 생각했다. 나는 고민 끝에 유치원에 보내기로 결정했다. 또래 친구와의 관계는 부모가 대신 해줄 수 없는 일이었기 때문이다.

　형제 있는 아이는 내내 붙어 있으니 사회성이 저절로 생기기 마련이다. 서로의 존재를 의식하고 더불어 사는 방법을 자연히 체득한다. 사회성이란 사회 생활을 하려고 하는 인간의 근본 성질, 인격, 혹은 성격 분류에 나타나는 특성의 하나로 사회에 적응하는 개인의 소질이나 능력, 대인 관계의 원만성 따위를 말한다.

　과거에는 한 집의 자녀가 7~8명씩이나 되었다. 그때는 굳이 아이의 사회성에 대해 별도의 케어가 필요치 않았다. 자기들끼리 양보하고, 싸우고, 포기하고, 경쟁하며 자랐다. 그 대상이 없다는 게 외둥이에게는 아쉬운 점이다. 또래 친구를 사귀며 그런 점을 보완하길 바랐다.

:: 사회성 기르려다 큰 코 다치다

막상 유치원에 보내려 하니, 승우가 나와 떨어지기 싫어했다. 어찌 보면 그 어린 나이에 당연한 일이었다. 때문에 한 달 여 동안은 유치원에 잘 적응하지 못했다.

어른도 처음 가는 곳은 낯설고 어색하지 않던가? 승우는 태어나며 나와 잘 지내고 신뢰감도 쌓았다. 그것이 밖에서도 고스란히 이어질 것이라 생각했다. 탈없이 잘 적응하리라고 섣불리 판단했다. 내 착각이었다. 유치원 문턱에서 걸렸다.

지금이야 갓난이도 유아원에 가지만, 그 시절 유치원에 갈 나이치고는 아직 이른 편이었다. 실제로 그 유치원에서 승우가 제일 나이가 어렸다. 승우는 그동안 유치원에 가는 동네 형들 모습조차 본적이 없었다.

대개 주변에서 그런 모습을 보며 자라면 자기도 가고 싶다는 생각이 들텐데, 그런 부분에 대한 동기부여가 전혀 안되어 있었다. 유치원에 간다는 게 승우에겐 엄마의 세계를 잃는 듯한 고통일 수도 있겠다는 생각이 든 건 한참 후였다. 승우의 의사와는 무관한 내 일방적 강요라고 볼 수 있었다.

유치원갈 때 엄마와 떨어지지 않으려 떼쓰는 승우에게 어떻게 해야 할지 몰라 쩔쩔 맸다. 초보엄마였던 나는 이러한 부분도 승우가 혼자 견디길 바랐다. 난 코흘리개 어린아이에게 성인 수준의 인내력을 요구하고 있었다. 사회성을 기르기 위해 그 정도는 해내야 한다는 생각이었는데 오산이었다. 그렇게 아이의 일이란 거의 변수가 생긴다는 것을 알았다.

승우에겐 감당하기 힘든 시련이었나 보다. 마치 초등학생에게 고등학생과 씨름을 붙여 놓고 '열심히 하면 이길 수 있어!'라고 응원하는 꼴이었을 테니 말이다. 그 나이에 극복할 수 있는 적정 수준 이하의 시련을 줘야 자신감이 생겨 잘 할 수 있었을 텐데 내 경험 미숙이었다.

지금 생각해 보면 엄마의 과오가 참 많았다. 운동을 하려면 준비운동을 해야 하는 것처럼 승우도 미리 워밍업을 했으면 좋았을 걸 하는 안타까움이 든다. 예를 들면 자기가 갈 유치원을 미리 답사해서 다른 형들이 생활하는 것도 보여 주고 환경에 적응시키면 훨씬 적응속도가 빨랐으리라.

어떤 아이는 초등학교에 입학해서도 적응을 못해 학교에 가지 않겠다고 떼쓰는 아이가 있다. 그런 경우에도 아이가 다닐 학교를 답사해 미리 보고 익히게 하는 방법을 권하고 싶다. 자식 기르려면 만물박사가 되어야 한다는 생각이 든다.

지나고 보면 왜 그렇게 아쉬움으로 남는 게 많은지 모르겠다. 좀더 승우를 위한 안전 장치들을 마련했어야 했다. 당분간 함께 직접 통하하던가, 선생님께 사정을 말하고 바뀐 환경에 적절하게 적응할 수 있도록 도와 달라 부탁했던가, 승우가 힘들어 하니 유치원 입학시기를 아예 뒤로 미루든가 했어야 했다.

어린 아이들이 부모와 떨어지기 싫은 것은 너무 당연한 일이다.

그럴 때 아이를 얼마 동안 데리고 다니며 바뀐 환경에 적응시키고 그 곳은 참 즐거운 곳임을 몸소 알게 했어야 옳았다. 울며 등원하는 것을 안타까워하며 집에 돌아올 때까지 '오늘은 좀 나아지겠지.' 바라는 마음이었다. 집에 있어도 내 마음은 바늘방석에 앉은 듯 했다.

어쨌든 나는 여린 승우에게 '유치원 교육'을 빌미로 실수를 저지른 셈이었다. 성격 차이로 아이마다 적응력이 각기 다르다는 걸 그때는 인지하지 못한 채 말이다. 초보 엄마의 미숙함이 여실이 들어났다.

유치원 자체의 커리큘럼은 좋은 편이었다. 소위 열린교육으로 4, 5 ,6 ,7세 나이 구분 없이 모집했다. 모두 섞어 학습했다. 그러니 제일 나이 어린 승우가 주눅이 더 들 수밖에 없었으리라.

원장은 유치원 재 설립 시 교육 미국, 영국, 프랑스 등 선진국 몇몇 나라를 돌아보았다 한다. 벤치마킹하기 위해서였다고 했다. 자율교육의 패턴이 그 예였다. 즉 각 6개 분야 선생님들을 각기 두었다. 각 교실에 상주하는 시스템이었다.

꽤 괜찮아 보였다. 부모들의 관심을 부쩍 끌었다. 원장은 원아 모집에 대성공이었다. 예나 지금이나 부모들은 자녀 교육에 관심이 많다. 좋은 유치원이라면 학부모들이 쏠리기 마련이다.

결혼 초, 형편이 그리 넉넉한 편은 아니었지만 좀 더 좋은 환경에서 아이를 키우고 싶었다. 모든 부모들의 공통된 욕심일 것이다. 다른 것을 절약하며 선택한 유치원이었다. 그곳은 이름 값을 하느라 원비가 비싼 편이었다.

나는 입원 전 설명회에 다녀온 후, 그 유치원 선택을 나름 뿌듯해 했다. 원장이 말하는 열린 시스템이 마음에 들었기 때문이다. 그렇게 확신을 갖고 선택한 유치원을 두고 승우는 한 달여 동안 떼썼다. 당혹스러웠다.

"아이가 유치원에 처음 가서 엄마와 떨어지지 않으려고 할 때는 강제로 아이를 떼어놓으려고 하지 말고 우선 안심을 시켜야 한다." 고 이원영 교수가 말했다. "3세 미만은 여럿이 있어도 혼자 노는 시기다. 혼자 놀면서 다른 아이와 상호작용을 하지 않더라도 주변에 다른 아이가 있으면 사회성 발달이 빨라진다"고 했다.

당시의 나는 아이의 사회성 발달에 대해 과하게 집착하고 있었다. 이런 글들을 좀 더 일찍 봤다면 어땠을까? 나의 행동 양식도 달라졌을 것이다.

아이와 더불어 부모도 교육에 대한 자기 발전을 게을리 하지 말아야 함을 절실히 느꼈다. 결국 아이는 부모의 의식 안에서 크기 때문이다.

자폐 끼가 있어요, 원장의 무심 발언

∷ 적응이 좀 늦다고 함부로 심한 말을

유치원에 보낸 지 한 달이 지날 무렵, 학부모회가 열렸다. 그 후에 유치원 원장이 나를 따로 불렀다. 그녀가 꺼낸 첫마디는 이랬다. "승우가 자폐 끼가 조금 있는 것 같아요." 그 말을 들은 나는 가슴이 쿵 하고 내려 앉았다. 어린 아이를 키우는 엄마에게 꽤나 충격적인 말이었다. 내 아이가 자폐? 잠시 정신이 멍했다.

그녀의 나이는 50대 말~60대초 정도였다. 학부모 교육도 한 달에 한 번씩 열만큼 열성적이었다. 자신의 유치원에 대한 프라이드가 대단했다.

승우를 왜 그렇게 생각하는지 물었다. 유치원에 와서도 영 말이 없고, 친구도 없이 혼자 노는 경우가 많으며, 유치원에서 하는 학습에 관심이 없다고 했다.

지금 생각하면 그렇다고 해서 자폐는 아니다. 그저 적응이 잠깐 늦었을 수 있고 분리불안 정도이었다고 본다. 주정일 교수에 의하면 난산한 아이들이 분리불안을 느끼는 경우가 있다고 했던 글이 생각났다.

승우가 이른 나이에 유치원 가는 것을 힘들어 했으니, 그 다음 행동에 진척이 있을 리 만무했다. 우리도 뭔가의 감정이 처리되지 않으면 다른 일에 집중할 수 없는 거나 마찬가지였을 것이다.

하지만 원장은 단정하여 '자폐'라고 말했다. 20대 후반이었던 어린 나는 원장이 그렇게 말하니 정말 그런 건가? 라고 걱정할 수밖에 없었다. 적정한 사리 분별이 힘든 20대였다.

집에 오면서도 내내 그 생각이 들었다. 만약 정말 자폐라면 어떡해야 하지? 도통 감이 잡히지 않았다. 그때서야 번뜩 생각이 들었다. 자폐라는 자극적인 말을 듣고서야 승우가 힘들어 한다는 것에 관심을 가졌다.

차라리
가정 학교로

잘 이겨낼 거라고 막연히 생각했던 것을 그대로 방치해선 안 되겠다는 판단이 섰다. 차라리 가정이라는 영원한 학교가 더 필요했다. 내가 승우에게 욕심부린 부분에 대한 미안함이 물밀 듯이 밀려왔다.

집에 와서 승우를 물끄러미 바라봤다. 유치원 원장에게 들은 얘기는 당연히 승우에게 할 수 없었다. 대신 승우와 유치원에 대해 긴 대화를 나눴다. 별로 재미가 없고, 가고 싶지 않다고 했다. 다음날 유치원에 전화 걸었다.

"당분간 유치원을 쉬는 게 좋을 거 같아요. 아이가 좀 더 큰 후에 보내려고 합니다." 원장 입장에서는 자신이 승우에 대해 부정적으로 평가해서 유치원을 그만 두는 게 아닌가라고 생각했을 수도 있다.

하지만 그런 것보다 뒤늦게라도 승우의 의견을 반영했다고 보는 게 맞다. 주변 사람의 어떤 목소리보다 나는 승우가 바라는 방향으로 귀 기울이기로 했다.

:: 엄마는 최초 선생님이자 마지막 교사

승우는 금방 다시 일상으로 돌아왔다. 예전처럼 만들고 그리며 열심히 놀았다. 예전과 달라진 점이라면 내가 승우 친구들을 집으로 데려와 놀게 했다. 집이 난장판이 되는 것쯤은 크게 문제되지 않았다. 승우가 서서히 친구들 사이에 스며드는 연습을 하는 것이 더 중요하다고 봤다.

문제는 나였다. 스스로를 추스르는 것이 중요했다. 승우에 대해 심각할 정도로 부정적인 평가를 들은 것은 그때가 처음이었다. 원장이 조금 원망스럽기도 했다. 아이를 충분히 지켜보지 않고 섣부른 판단을 내린 건 아닐까 의심스럽기도 했다.

하지만 그런 상상을 한다 해서 내 마음에 평온이 오는 것은 아니었다. 지금 승우의 모습에 집중하기로 했다. 승우는 다시금 예전처럼 열심히 뛰놀았다. 웃고 떠들며 친구들과 뒹구는 시간도 서서히 더 많아졌다. 내 아이가 자폐인지 아닌지에 대한 판단은 내 스스로가 내리되, 시간을 좀 더 가져보기로 했다.

그렇게 1년여가 지났다. 승우가 다섯 살이 된 시점이었다. 그간 유치원은 아니지만 주변에 있던 놀이방에 승우를 잠깐씩 보내는 등 서서히 새로운 환경에 적응하기 위한 기반을 닦았다.

승우가 재미있어 또 가고 싶다고 했다. '이제 유치원에 보내도 되겠구나' 생각이 들었다. 이번에는 나 혼자 결정할 순 없었다. 승우와 대화하며 충분히 그 의사를 물었다.

"응, 갈래."라며 편안한 얼굴이었다. 예전엔 그렇게 가기 싫다고 안절부절못하던 승우였다. 그새 많이 달라졌다. 어릴 때는 1년만 지나도 몸과 생각이 쑥쑥 자란다. 승우도 그랬다.

❹ 무슨 싹으로
자랄지 몰라

    승우가 유치원에 다시 가기로 했다. 잠시 쉬기로 했던 그 유치원에 그대로 다시 보냈다. 신기하게 마음이 편안했다. 승우가 이번엔 잘 적응할 수 있겠다는 알 수 없는 확신이 들었다. 과연 그 후엔 어땠을까?

    내 짐작대로였다. 승우는 너무나 잘 적응했다. 예전과는 다르게 같은 나이의 또래 친구들이 많아졌다. 동네에서 같이 놀던 아이도 있었다. 선생님의 질문에도 제법 대답할 수 있는 재량도 생겼다. 난 안심했다. 시기를 적정히 선택하는 것이 이렇게 중요하구나 싶었다.

    결국엔 시간의 문제였다. 단순히 어리기 때문에, 경험이 적기 때문에 적응이 느린 것을 보고 어른 입장에서 애를 섣불리 판단해선 안 된다. 가능성이 무궁무진한 아이에게 성급한 단정을 내려서는 안 될 것이다. 아이의 범주를 한없이 좁히는 행위다. 그만큼 잔인한 일이기도 하다.

    유치원에서 가는 캠프도 즐겁게 참여했다. 시간이 흐를수록 더 재미있어했다. 그렇게 몇 개월이 지나고 그간 가지 않았던 학부모회에 참여했다. 원장을 다시 만났다. 자폐 얘기는 전혀 없었다.

오히려 승우가 선생님의 질문에 제일 일찍 대답하곤 한다며 추켜세웠다. 당신의 판단 미스 때문에 내가 받은 상처를 캐묻고 싶었다. 하지만 참았다. 승우가 스스로 증명해 주었다. 내가 들은 얘기가 사실이 아니라는 것을 말이다. 참 고마웠다. 내겐 그것으로 족했다.

장자에 '학의 다리가 길다고 함부로 자르지 마라.'라는 말이 있다. 원장은 자신의 조언이 도에 지나쳤음을 아는 듯 했다. 미안하다고 직접 사과는 받지 않았지만 매달 학부모회에 참석할 때 마다 눈길로 그것을 알 수 있었다.

나중에는 새 유치원에서 있었던 승우의 승전보를 듣고 함박웃음을 웃으며 신입 학부모들에게 자랑삼아 승우를 말하기까지 했다. 그렇게 승우의 그 사건은 일단락되었다.

⑤ 어미닭과 병아리,
동시 쪼아 알 탈출

아이가 어릴 때는 모든 포커스를 아이에게 맞춰야 한다. 다른 일을 할 때도 부모의 안테나는 항상 아이를 향한다. 어미닭이 알을 품듯 부모는 가슴으로 아이를 품고 알을 깨기까지 돌본다.

소위 줄탁동시(啐啄同時)다. 줄탁동시란 닭이 알을 깔 때에 알속의 병아리가 껍질을 깨뜨리고 나오기 위하여 껍질 안에서 쪼는 것을 줄이라 하고, 어미 닭이 밖에서 쪼아 깨뜨리는 것을 탁이라 함에서 온 말이다. 그렇듯 부모와 아이가 서로 호흡을 맞춰 한 방향으로 나아가야 발전 가능성이 있다.

신뢰는 마음을 편안케 한다. 아무리 깜깜한 곳에 있다 하더라도 부모와 함께하는 아이는 두렵지 않다. 신뢰가 있기 때문이다. 강풍이 불거나 눈이 와도 끄떡없다. 부모는 바다를 지켜주는 등대와 같다. 그만큼 부모에 대한 믿음이 크다. 믿음 속에서 아이는 부모의 권위를 인정하고, 부모 또한 아이를 사랑하게 된다.

앞으로 살아갈 승우의 앞날에도 많은 변수들이 작용할 것이다. 부모는 자식의 지지대 역할을 하는 것이다. 비바람이 칠 때 바람막이가 되어 준다. 아이의 연약한 뿌리가 바람에 휩쓸려 날려간다면 영원히 아이를 구제할 길이 없기 때문이다.

그런 버팀목 속에서 아이는 깊게 뿌리 내리며 자라난다. 대신 부모와 아이는 호흡을 같이 하며 발맞추어 걸어 나가야 한다. 어느 한쪽이라도 밸런스가 맞지 않거나 자기 주장 대로 나아간다면 알에서 깨어 나올 시간을 놓칠 수도 있다.

인간은 생명을 가졌고 한정된 시간 속에서 적절한 조치를 취하지 않으면 어떤 이변이 일어날지 모른다. 타이밍의 적기가 모든 새로움을 탄생시킨다. 그런 면에서 위험을 내세워 시도조차 하지 않는다면 그만큼 경험치가 줄어 발전 속도에서 늦어진다고 볼 수 있다.

돌이켜 보건대 어찌 보면 시련이 다 나쁘다고만은 할 수 없다. 내가 승우를 유치원에 보내 예상치 못한 일이 벌어짐으로써 그나마 적기에 대처하는 연습을 했다고 본다.

그런 일은 한 번의 기회이지 똑같은 형태로는 다가오지 않는다. 왜냐면 그만큼 대처 능력이 생기고 강해지며 미연에 막을 대안이 무엇인지를 고민할 기회를 얻었기 때문이다.

⑥ 자기표현이 아쉽다

:: 어려서부터 자기표현 습관을

이를 계기로 승우의 의견을 묻는 기회가 자주 생겼다. 자기표현 훈련은 어려서부터 되어야 성인이 되어서도 그 힘이 발휘된다. 말랑말랑한 영유아기 시절부터 자기표현 습관을 들이자.

그런 기회로 우리 가족은 휴일 저녁에 가족회의를 가지기로 했다. 처음에는 맛있는 간식 먹는 재미로 촛불을 켜곤 했다. 차츰 승우가 초등학교 들어가면서 스스로 가족 노래도 만들고, 사회도 보았다.

가족이 함께 할 놀잇감도 승우가 직접 만들었다. 그게 무르익어 감에 따라 1주일간 있었던 일을 돌아가며 얘기했다. 승우는 엄마, 아빠의 일에 관해서도 알게 되고 우리는 아이에 대해 더 자세히 알 수 있었다.

무엇보다 지연스런 분위기에서 자기 의견을 말할 수 있어 좋았다. 아무리 좋은 것도 반복해 몸에 익혀야 한다. 특히 솔직한 자기감정을 표현하는 것은 무례한 일이 아님을 깨우쳐 주려 노력했다. 예의범절과 솔직한 자기표현에 대한 적정한 선을 잡아주곤 했다.

어떤 아이의 얘기를 예를 들어 보자. 친할머니가 손자 남매를 돌봐 주는데 엄마가 퇴근해 돌아오자, 그 아이가 하는 말이 '할머니 싫어!'라며 눈물을 글썽였다. 엄마는 당황하여 그게 무슨 말버릇이냐며 아이를 다그쳤다. 아이는 솔직한 자기 심정을 말했을 뿐인데, 엄마의 반응이 안 좋았다.

알고 보니 할머니가 자기에게는 사탕을 주지 않고 동생에게만 줬다. 그것이 화가 나 그렇게 말했던 것이다. 이럴 때 무작정 나무라기만 한다면, 아이는 자신의 솔직한 감정을 표현했기에 혼나는 건가? 라며 오해할 수 있다.

그렇게 판단이 서게 되면 다음부터는 아예 침묵하거나 자신의 감정을 숨기게 된다. 부모 입장에서 어떻게 대처하는 것이 좋을까?

일단 이후 아이가 하는 말에 대해 경청하는 것이 필요하다. 어떤 이유로 그런 말을 했는지, 아이가 불만을 품고 있는 원인이 무엇인지에 대해 알 수 있도록 대화하며 교감해야 한다. 이유를 알게 되었다면 그것을 충분히 공감해 주고, 투박한 표현 방식이 있다면 그 부분에 대해서만 교정해 줘야 한다.

"네가 사탕을 동생에게만 줬던 할머니에게 서운했던 건 충분히 알겠어. 그럴 수 있지. 하지만 그걸 얘기할 때는 할머니가 나쁘다고 하는 것보다는 그냥 사탕에 대한 얘기부터 하는 게 엄마가 더 이해하기 쉽겠지?"

말하자면 이런 식이다. 아이가 말하는 방식 자체를 새로 구성하라고 하는 것은 아이 수준에서 너무 어려운 일이다. 다만 자신이 느껐던 주된 사항을 우선적으로 얘기하라고 부탁하는 정도는 할 수 있다.

즉, 불만의 원천에 대해 먼저 이야기하는 것이다. 그러면 조금 더 이야기가 구체화된다. 단편적으로 감정을 표출하는 것보다 좀 더 디테일한 표현을 해야 한다. 아이 역시 이러한 부분에 대해 자연스럽게 연습하게 된다.

:: 편견 없는 시각, 어릴 때 가정에서부터 길러진다.

초등학교에 들어가면서부터 어떤 부모는 아이의 친구까지 골라 사귀게 한다. 그 애는 뭐가 안 좋아 안 되고, 저 애는 괜찮다는 식으로 친구를 선별한다. 일찍부터 아이에게 편견을 가르치고 있는 건 아닐까?

집 밖으로 한 발짝만 나가도 전혀 다른 세상이 기다리고 있다. 대개 군 입대하면 그것을 실감한다고 승우는 말한 적이 있다. 전국 각처에서 모인 군인들이 모두 제각각이다.

각기 다른 환경에서 모인 볶음밥 같은 곳이다. 그 속에서 같이 동고동락해야 한다. 처음으로 전국구의 사람을 만나며 자신이 누구인지를 인식한다고 한다.

군복무 시절 승우가 첫 휴가 나와 하는 말이 "별별 사람이 모인 곳이 군대예요. 성격도 생김새도, 행동도 학벌도 다 달라요. 제주도, 강원도, 전라도, 충청도 각처에서 다 모였어요."

어떤 선임은 눈치가 굉장히 빨라서 고참의 사랑을 받는다고 했다. 일찍 취업전선에 뛰어든 동기들도 있는데, 이른바 사회생활이라는 것을 참 잘 한다고 했다. 특히 군대에서 편견이란 자신은 물론 남에게도 필요악이라 말했다.

승우가 제법 느낀 점 것이 많았던 것이다. 그처럼 편견 없는 시각과 자기표현 능력은 어디에서도 통용되는 중요한 능력임을 알 수 있다.

부모와 떨어져 사는 군 생활 동안, 자신이 누구이며 어떻게 살아갈 지에 대한 고민을 하게 된다고 한다. 집을 떠나봐야 집의 소중함을 느끼고 부모의 존재도 새삼스럽게 느낄 기회가 된다. 사회는 어떤가? 새롭게 적응해야 할 것 천지다. 편견과 온실 속의 화초로는 한계가 있다.

:: **끝내는 엄마** ··· 아이 의욕을 Down 시키는 엄마

　남이 자신이나 자신의 아이에게 듣기 거북한 말을 하면 참지 못한다. 이성보다 감정을 앞세워 분노한다. 대안을 빨리 강구하기보다 머뭇거리며 시간을 보낸다. 그러는 사이 부모와 아이는 더 힘들어진다. 엄마의 기분이 우울하니 아이도 우울하다. 기분에 함몰되어 남을 원망하고 미워한다. 부모 공부에 게을러 대책을 세우지 못한다. 어제보다 나은 오늘을 살려는 노력은 본인에게 달렸음에도 피상적인 흐름에 휩쓸린다. 인내심을 기르지 못하는 임시 방편식만을 선호한다. 아이의 속에 무슨 싹이 자랄지 상관하지 않는다. 아이의 싹이 자라도록 물도 주고 햇빛도 쏘이며 정성껏 키워야 함에도 엄마부터 편견에 휩싸인다. 아이 친구도 골라 준다. 사회성 발달 기회를 놓치고 만다.

:: **끝내주는 엄마** ··· 아이 의욕을 Up 시키는 Upmom

　세상은 평가하기를 좋아한다. 자신의 의사와는 다르게 남을 평가하기도 하고 자신도 모르게 그 당사자가 되기도 한다. 외둥이의 사회성을 기른다는 이유로 33개월짜리를 유치원에 보낸다. 부적응을 나타낸다. 원장은 단편적으로 보고 막말한다. 그 후 대처법이 용감하고 신속하다. 결국 아이를 영원한 가정 학교로 1년간 환원시킨다. 워밍업의 시간을 갖고 친구들과 많이 어울려 놀게 해 사회성을 키운다. 1년 후 다시 그 유치원에 간 아이는 잘 적응한다. 적기교육의 필요성을 깨닫는다. 결국 아이와 더불어 부모도 교육에 대한 자기 발전을 게을리 하지 말아야 함을 절실히 느낀다. 아이는 부모가 가진 의식의 범주 안에서 크기 때문임을 자각한다. 이를 계기로 관련 서적을 찾아 읽는다. 자기표현의 방식 중 하나로 가족회의를 시작한다. 편견 없는 열린 세상을 꿈꾸며 훈련한다. 무딘 성격을 기르기 위해 아이에게도 어려움을 겪는 연습을 시킨다.

Chapter

아이를 달런답시고 비위를 맞추거나 어르지 말라.
어떻게 해야 자신을 달래주는지를 아이가 알게 되면
그 아이는 이제 당신의 주인이 된다. 그러면 끝이다.

- 루소 -

4

말랑말랑
길들이기

① 남대문시장에서
생떼

:: 장난감 실랑이

승우 5살 때 남대문 시장에 갔다. 장난감 가게 앞에서 생떼를 썼다. 자동차가 갖고 싶다고 했다. 그간 자동차를 좋아해 종종 사곤 했다. 차라리 고리 던지기를 사자고 승우를 설득했다. 막무가내였다. 계속 칭얼댔다.

나는 개의치 않았다. 시장 앞 버스 정류소에서 집에 가는 버스를 기다렸다. 그 때까지도 아이는 계속 울었다. 진땀이 났다. 오죽하면 쥐포장수 할머니가 승우에게 쥐포를 공짜로 주었을까. 어서 먹고 울음을 그치라 얼렀다. 할머니의 친절이 죄송하고도 고마웠다. 나는 쉽게 물러서지 않았다. 참는 이유가 있었다.

평소에 약속한 게 있었다. 첫째, 떼쓰고 원한다고 즉시 가질 수 없다. 둘째는 엄마와 충분히 날짜를 상의하여 선물로 사줄 때까지 기다린다는 것이었다. 결국 엄마의 고집에 꺾였다. 그날 승우는 빈손으로 귀가했다.

아이가 무작정 떼를 쓸 때 그것만으로 자신의 문제가 싹 해결된다고 인지하게 되면 아이는 매우 일방적으로 변한다. 타인의 기분을 전혀 고려하지 않고 자신이 마음 가는 대로 행동하게 된다. 아이의 자극적인 저항에 덤덤하게 반응해야 한다. 그렇게 함으로써 부모와 자녀 사이에도 지켜야 할 선과 약속이 있다는 것을 알게 된다.

고집부리고 화낸다고 해서 모든 일이 해결되는 것이 아님을 일깨워 줄 필요가 있다. 어려서부터 이 사실에 대해 충분히 알게 되면 성인이 된 후에도 자연스럽게 자신의 감정을 조절할 줄 알고 이성적으로 행동할 수 있다.

승우는 고통을 참는 것을 배웠다. 설득과 타협을 알았다. 그리고 약속을 지켰다. 그 사건 이후 울면서 떼쓰는 행동은 좀처럼 하지 않았다.

:: 자기가 원하던 걸 포기하며 순종, 겸손, 참는 법 배운다

아이가 자신의 욕망을 적정한 선에서 절제할 수 있도록 유도하는 것이 필요하다. 아이들은 자기가 원하던 걸 포기하면서 순종과 겸손, 참는 법을 배운다.

어떤 물건을 갖고 싶다고 할 때 부모가 생각했던 물건이 아니라면 거절해야 한다. 아이가 원한다고 다 들어주면 아이는 절재심을 잃게 된다.

아이가 고집을 피우며 생떼를 부릴 때 엄마는 당황스럽다. 아이는 자기의 뜻을 관철시키려고 더욱 크게 울고 뒹구는 아이도 있다. 이쯤 되면 아이와 엄마는 줄다리기 게임에 들어간다.

❷ 혼자
택시 타고

:: 유치원 버스를 놓치다

5살 어느 날 아침, 승우가 유치원 버스를 놓쳤다. 예상 밖의 일이 벌어질 때 부모는 고민스럽다. 실수에 따른 여러 경우의 수가 발생하기 때문이다. 첫 실수를 어떻게 대응하느냐에 따라 자녀의 성격과 습관이 형성된다. 매우 중요하다.

그럴 때 유치원에 애를 데려다 주어야 할지, 혼자 해결해 보라고 할지 고민된다. 나는 승우에게 사태에 대해 말하고 결석할 것인지, 혼자 택시타고 갈 건지를 선택하라 했다. 승우는 혼자서 택시 타는 쪽을 택했다.

나는 택시 기사에게 사정을 말하고 양해를 구했다. 다행히 나이가 지긋하신 기사분이 친절했다. 승우를 태워 보냈다. 그리고 바로 뒤이어 오는 택시를 잡았다. 앞에 가는 택시를 따라가 달라고 했다.

승우가 스스로 극복할 수 있는 환경을 조성해 수는 것도 숭요하지만, 유치원까지 탈 없이 잘 도착하도록 울타리가 되어 주는 것은 부모의 몫이다. 유치원에도 연락했다. 승우가 도착하면 연락 좀 곧 바로 해달라고 부탁했다. 무사히 도착했다는 통보를 받고서야 마음이

놓였다.

아이는 잘못한 것이 무엇인지 깨달아야 한다. 두려움을 견디는 법도 배워야 한다. 고통을 모르고 자란다면 발전, 용기, 경험의 기회를 놓치고 말 것이다. 아이가 극복할 수 있는 한도 내에서 적정한 수준의 허들을 제공할 수 있어야 한다.

다섯 살 어린 아이를 유치원에 데려다 주는 편이 엄마로서는 제일 속 편한 일이다. 안전하고 신속하기 때문이다. 택시로 홀로 보내는 방법을 선택한다면 나도 승우도 위험을 감수해야 한다. 어린아이에게는 쉽지 않은 일이다.

하지만 일단 그것을 극복하면 동반 성장할 수 있다. 아이는 자신감과 책임 의식을 동시에 기를 기회가 된다. 부모도 아이가 어느 정도 위험을 감수하고 그 행동을 어떻게 받아들이는지 가늠해 보는 기회이기도 하다.

그즈음 어린이 유괴 사건이 있던 때라 사회가 뒤숭숭했다. 그런 일이 일어나면 부모는 더 불안하고 긴장한다. 주위 사람들은 "그러다 애 납치라도 당하면 어쩌려고요? 담이 크네요. 난 그렇게는 죽어도 못하겠어요. 차라리 유치원을 결석시키고 말지." 하며 고개를 저었다.

물론 그랬다. 그편이 훨씬 더 속 편한 행동이다. 인내와 두려움을 안고 용기를 내는 것보다야 그 편이 훨씬 편하다. 하지만 그런 일이 있은 후, 승우는 유치원 버스를 놓친 적이 거의 없다.

만약 그날 엄마와 함께 유치원에 편히 택시타고 유치원에 편히 갔다면 어땠을까? 편하고 좋아 종종 그 유혹에 빠질 수도 있을 것이다. 5살 어린이도 그 정도는 헤아릴 줄 안다.

이런 기회를 이용해 아이가 자신에게 주어진 과제를 잘 해내면 칭찬을 아끼지 말아야 한다. 아이는 칭찬받아 자신감이 생긴다. 무슨 일이든 한번이 어렵고 그 다음은 쉽다.

:: 유약한 아이, 강하게 단련시킬 기회

승우는 선천적으로 성격이 여렸다. 반복 습관으로 그 성격이 어느 정도 담대하게 변하길 바랐다. 버릇과 습관으로 성격이 변화할 수 있다는 믿음이 있었다.

'내가 누구인가는 내가 매일매일 반복해서 무엇을 하는가를 보면 알 수 있다. 탁월함이란 한 번의 행동이 아니라 지속적인 습관이다.' 아리스토텔레스는 습관의 중요성에 말했다.

생각이 변해야 행동이 변하고 행동이 변해 습관이 된다는 말은 익히 들어 아는 바다. 다만 반복적으로 꾸준히 하는 연습이 필요하다.

버릇이 고착화되면 습관이 된다. 가정교육은 교육의 기초이다. 수숫돌이 튼튼해야 선숙룰이 바로 설 수 있나. 사정교육은 사정에서 인격 형성과 지식 획득 등을 도와주거나 가르치는 인간 형성 작용이다.

자식을 사랑하되 표나지 않게 사랑한다는 말이 있다. 이를 속사랑이라 한다. 겉으로 드러나지 않고 속으로 하는 사랑을 일컫는다. 너무 칭찬 일색으로 아이를 키우면 아이가 자신이 최고인 줄 알고 자만하게 된다.

:: 과잉보호

어른은 아이가 어리니까 모든 것에 서툴고 잘 못할 거라는 선입견을 갖는다. 그런 마음으로 아이가 할 일 대부분을 대신해 준다. 과잉보호다. 직접 해주는 것 보다, 아이가 스스로 문제를 해결할 수 있도록 배움의 기회를 주는 것이 좋다.

그렇게 하면 서툴지만 조금씩 배워나간다. 이것을 간과한 부모들은 자신이 모든 것을 대신해 준 후, 아이가 장성해서 서투른 것이 있으면 '이것도 못하느냐'며 핀잔을 준다. 정작 부모 본인이 아이가 배우고 도전할 기회를 박탈한 채, 하나부터 열까지 다 해줬던 것은 아닌지 자문해 볼 일이다.

아이를 사랑하는 부모들은 "아직 어리니까 애가 뭘 알겠어? 나중에 크면 알려 주면 되지."라고 한다. 하지만 그렇게 하루하루 시간이 흐르다 보면 어느새 아이가 훌쩍 커 있다. 뒤늦게 뭔가를 가르치려 해도 쉽지 않다.

배우려 하기보다는 '엄마, 여지껏 해줬잖아. 갑자기 왜 이래?' 라며 반문할 것이다. 따라서 어렸을 때부터 미리미리 주도적인 학습을 할 수 있도록 유도하는 것이 좋다. 영유아기에 아이의 기본적인 행동을 대부분 교정할 수 있다. 유연한 시기이기 때문에 부모가 이끄는 대로 잘 따라온다.

단지 미숙할 뿐, 반복 통해 익숙

아이는 한 인격체이기 때문에 스스로 다양한 일을 성취하도록 선천적으로 태어났다. 단지 미숙할 뿐이다. 반복을 통해 익숙함에 이른다.

어른은 대부분의 일에 익숙하다. 반면 아이들은 서툴다. 부모가 항상 자신과 관련된 일들을 대신해 주면 아이는 더 서툴 수밖에 없다. 직접 체험하는 것은 큰 모험이다. 호기심이 발동한다. 요령도 차츰 터득하게 된다.

부모가 부지런할수록 아이는 게을러진다. 적당히 뒤로 물러서 아이가 직접 해내는 과정을 지켜보고, 마음을 다해 응원해 주자.

황금알을 낳은
100원의 행복

∷ 과자 속 로봇, 로또 되다

스스로 학습할 기회는 주변에 쌓여 있다. 그걸 제 때 이용하느냐, 안하느냐로 나뉜다. 승우가 4 살쯤이었다. 아파트 상가에서 100원짜리 과자를 팔았다. 그 과자 속에 조립용 로봇 장난감이 함께 들어 있었다. 승우는 그 로봇 장난감 만드는 것을 무척 좋아했다.

나중에 그 100원의 가치가 헤아릴 수 없는 가치로 돌아왔다. 로또 아닌 로또였다. 어찌 보면 로봇 장난감과 아이와의 특별한 인연이 시작됐던 것이다.

인연이란 어디서 연결될 줄 아무도 모른다는 사실을 실감했다. 생명체든 무생물이든 인연이란 한 사람을 변화시킬 수 있음을 알았다.

승우는 혼자서라도 장난감을 사러 가곤 했다. 나는 승우가 집에 돌아올 때까지 베란다에서 초조하게 아이를 기다리곤 했다. 조잡하지만 로봇을 조립하는 법에 대한 종이 설명서까지 들어 있었다. 그걸 보면서 자그마한 부품들을 이래저래 맞춰보곤 했다. 끊임없이 반복했다.

조립을 다 한 후에는 로봇을 보며 그 형태를 스케치북에 따라 그리기 시작했다. 물론 처음에는 이게 로봇인지 되는대로 선을 그은 것인지 분간이 안갈 정도였다. 하지만 계속 반복하더니 나중에는 제법 머리와 몸통, 팔다리의 윤곽이 나오기 시작했다.

시간이 더 흐른 후에는 비스듬한 각도에서 본 형태로 좀 더 입체적인 그림을 그리기 시작했다. 크레파스를 사달라고 하더니 색칠까지 하기 시작했다. 승우는 행복해 보였다. 본인이 좋아하며 열중하는 일이 뭔지 서서히 터득해 나갔다.

장지 손가락 크기의 로봇을 조립하고 그리기를 반복했다. 그 스케치가 밑천이 되어 다른 그림으로 확대해 나갔다. 이제 굳이 로봇이 아니어도 자신의 눈에 들어오는 다양한 사물들을 그려보기 시작했다.

양이 질을 우선한다는 논리가 맞았다. 수도 없이 그려댄 스케치북과 조립품이 아이에게는 매일의 일과였고 기쁨이었다.

:: 전공으로 이어지다

뒤에서 말하겠지만, 그것이 아이의 대학교 디자인학부 전공으로 이어질 줄은 꿈에도 몰랐다. 아이의 호기심은 어디서 발동할지 모른다. 그러니 아이에게 많은 기회를 주는 것은 곧 아이의 적성 찾기를 돕는 일이기도 하다.

:: 4살, 갖고 싶은 물건 사러 가게에 간다, 여러 의미 내포

사실 4살짜리가 갖고 싶은 물건을 사러 가게에 간다는 건 쉬운 일이 아니다. 그만큼 강하게 끌리는 게 있었기에 그랬을 것이다. 그 자그마한 행위 하나에서도 아이는 많은 것을 배울 수 있었다.

우선 아이는 돈을 가지고 가서 과자와 맞바꿔야 한다. 수요와 공급은 경제의 근간이다. 돈의 의미와 기본적인 개념에 대해 아이는 어렴풋이 인지하게 된다.

많은 과자를 사려면 돈도 그만큼 많이 필요하다. 적은 돈으로는 많은 과자를 살 수 없다. 이러한 당연한 상식들이 아이에게는 마냥 새롭다. 경제 관념도 어느 정도 감을 잡을 수 있을 것이다.

또한 주인과 대화함으로써 자기 의사 표현을 할 수 있다. 자기 집을 찾아가야 하므로 공간 지각력도 키울 수 있다. 게다가 차 조심 등 여러 판단력을 키운다. 물건 사는 과정 하나에서 배우는 게 한 두 가지가 아니다. 결국 승우에게 다양한 기회를 제공했던 셈이다.

어릴 때부터 체험해 본 아이와 그렇지 않은 아이의 차이는 분명히 있을 것이다. 사고력과 판단력, 분석력과 용기면에서 현저히 다르리라 본다. 용기는 경험의 두께 차이에서 온다.

행동학습

우리가 책으로 익힌 것은 20%만 기억에 남고, 직접 경험은 80%가 기억된다고 한다. 행동으로 경험한 것은 오래 뇌리 속에 남는다. 운동을 오래 기간 그만 뒀다가 다시 하게 됐을 때, 그때의 노하우가 금세 다시 기억나는 이치다.

지식을 통해 얻은 기억은 단순기억이다. 그에 반해 직접 체험으로 얻은 것은 장기기억이다. 어려서부터 장기기억의 경험이 많을수록 자신감과 충족감으로 이어질 것은 뻔한 일이다.

텍스트로만 익힌 지식들은 쉽게 망각한다. 학교 시험을 보고 난 후, 누구나 경험했을 것이다. 달달달 외워 시험을 보았지만 며칠만 지나면 하얗게 잊어버린 기억 말이다. 반면 자신이 직접 경험하며 몸으로 익힌 운전이나 자전거 타기 등은 한번 배우면 평생 간다.

우리 아이들의 학습도 그렇게 생각하면 좀 더 쉬워진다. 다양한 체험을 몸으로 체득하게 하면 된다. 생활 교육이 바로 그것이다. 멀리 있는 게 아니라 내 주변이 다 체험장이다.

좋은 경험 나쁜 경험, 부모의 가치관에서 온다

좋은 경험은 창의와 긍정 마인드의 기반이 된다. 창의는 경험에서 온다고 해도 과언이 아니다. 좋은 경험과 나쁜 경험의 차이는 어디서 올까? 부모의 가치관에서 온다. 아이를 어떻게 대할 지는 부모의 가치관에 따라 달라지기 때문이다. 영유아기에 스킨십, 칭찬, 공감, 놀이를 충분히 받은 아이는 자존감이 높아진다.

한번은 승우가 손을 다친 적이 있었다. 소독하고 연고를 발라 주었다. 다치는 것도 체험이다. 다음에는 요령껏 다치지 않게 노력할 것이다. 체험이 아이를 성장시킨다. 주변 모두가 학습의 장이다.

틀에 박힌 배움만이 다가 아니다. 그래야 정신적으로 성장하고 강해진다. 견딜 힘을 배양해야 역경을 이겨낼 수 있다.

아이가 원하는 일들을 주변에서 찾아 주자. 아이가 할 수 있는 일로 흥미를 유발해 주면 된다. 굳이 비싼 장난감이나 학습 도구만을 고집할 필요가 없다. 다른 아이와 비교할 필요도 없다.

④

그리기, 조립하기,
책 속 길

:: 보여주기

　명절이면 친척이 한데 모인다. 승우에게 고등학생 사촌형이 있었다. 그 형이 그림을 잘 그렸다. 승우가 아장아장 걸을 때쯤이었다. 형은 승우 손에 들려 있던 자동차를 보고 쓱쓱 스케치해 줬다. 종이에 자동차 한 대가 멋지게 그려졌다. 마술과 같았다. 승우는 그걸 보고 눈이 휘둥그레졌다. 승우는 그 매력에 쏙 빠졌다.

　그 후 승우가 그림 그리기를 좋아했다. 아마도 사촌 형의 영향이라 생각한다. 자동차 그림이 본보기가 된 셈이다. 아이에게 '보여주기'는 1차적 동기 부여가 되었다. 커다란 세상 하나를 가슴에 품을 기회일 수도 있다.

　"아이들은 누가 가르쳐 주지 않아도 보통 생후 20개월 무렵이 되면 점과 선으로 된 낙서를 하기 시작한다." 미국 유아미술학자인 로나 셀보그 박사의 유아발달 단계에 따르면 낙서기를 지나 만 3세 무렵이 되면 원, 삼각형, 사각형 등을 그리는 도형기에 들어선다. 4세 무렵이 되면 원과 선을 사용해 사람을, 5세에는 동물과 사물을 그릴 수 있다.

그런데 이런 발달은 특별한 교육이 필요한 것이 아니고, 자연스럽게 이루어진다. 다만 낙서기에 그리는 점과 선, 3세 무렵 그리는 도형은 앞으로 그릴 그림의 밑천이 되기 때문에 많이 그릴수록 좋다고 한다."

〈한국일보 2008.03.07 '찍고 바르고 뿌리고'〉

:: 책 속 길

나와 승우는 책에서 길을 찾았다고 봐야 옳았다. 나는 책 대여점에서 책을 빌리곤 했다. 그때만 해도 권당 얼마씩 돈을 내는 사설 대여였다. 그곳에서 승우 책과 내 책을 많이 빌려 단골이 되었다.

당시 유아교육의 양대 산맥은 주정일교수와 이원영박사였다. '딥스', '한 아이' 등은 감동이었다. 상처 입은 아이들이 교사의 도움으로 극복하는 과정을 그린 내용이다. 이 세상에는 친절하고 따스한 선생님들도 참 많다. 그들의 교육 방법과 사랑에 따라 아동에게 미치는 영향이 매우 크다고 느꼈다.

또한 문용린 교수의 책들, 루소의 에밀, 존로크의 교육론, 몬테소리, 프뢰벨, 피아제, 탈무드 등이었다. 그 시절 유아 교육서를 대표한 책이다. 요즘에는 자녀관련 책도 세분화되고 다양해졌다. 내용의 기본 뼈대는 그때나 지금이나 일맥상통한다. 이원영 교수의 '100년 후에도 변하지 않는 소중한 육아 지혜'라는 책이 그것을 말한다.

자녀교육 가이드 방송인 KBS제3 라디오의 '자녀교육 상담실' 프로그램을 청취했다. 승우를 기르는 초보엄마 때라 많은 도움이 되었다. 아쉽게도 그 방송 프로그램이 몇 년 후에 없어졌다.

마침 그 아쉬움에 대해 중앙대 이원영 유아교육과 명예교수가 말한 내용이 있다.

> "1980년대에는 국가 정책으로 방송국마다 자녀상담교실 등 부모교육 프로그램이 있었지만, 지금은 예능에 밀렸다"면서 "국가 차원에서 부모들에게 육아와 교육에 필요한 양질의 정보를 제공해 줘야 한다고 말했다."
>
> – 세계일보 2013.08.07 [영유아 사교육 광풍]
> 과도한 조기교육 득보다 실…'뛰어 놀아야 좋다'에서.

그 시절 자녀교육상담실 방송은 참 유익했다. 답답한 속마음을 나누는 청취자들의 태도는 진중했다. 지금도 꼭 필요한 방송이라 생각한다. 그곳에서 영재교육 센터가 있다는 것도 알았다. 기억해 뒀다가 기회가 되면 가보고 싶었다. 그곳의 교육 내용이 궁금했다. 자녀에 대한 뉴스도 그곳을 통해 얻을 수 있었다.

승우가 초등학교에 들어가자 우리는 거실을 서재로 꾸몄다. 온가족이 책상 하나씩을 차지하고 앉으면 도서관처럼 느껴졌다. 한 공간에서 같이 호흡하는 것만으로 유대감을 느낄 수 있었다. 더욱이나 승우에게 공부하라고 잔소리 할 필요도 없는 곳이 되었다. 승우는 그곳에서 책 속에 빠지곤 했다.

집이
온 동네 놀이터

:: 아수라장 된 집안

　승우가 5살 때 집을 완전 오픈했다. 동네 아이들의 놀이터가 되었다. 간식거리와 놀거리도 준비했다. 장난감과 책들이 엉망으로 나뒹굴었다. 장난감 이외 재활용품도 놀잇감으로 한몫했다. 플라스틱 통, 박스, 아빠 와이셔츠, 엄마 스카프 등으로 온 집안은 아수라장이 되곤 했다. 승우는 친구들과 놀면서 즐거움과 자신감을 얻는 모습이 눈에 선했다.

　그 즈음 마침 장난감 대여가 막 시작되던 때였다. 일주일에 한번씩 교체해 주었다. 애는 교체일을 손꼽아 기다렸다. 흥미와 인내심을 배우는 시간이었다.

　대여점의 그네, 시소, 불자동차, 트럭, 포클레인 등등은 동네 아이들에게 인기였다. 놀이에 빠져 꿀맛 같은 시간을 보냈다. 자라는 시기에 따라 대여 놀잇감도 달라졌다. 그 혜택을 여러 아이들이 본 셈이다.

　아이들은 재밌게 놀며 행복해 했다. 깔깔거리고 서로 장난감을 독차지하려 싸우기도 했다. 울고불고 삐지고 서로 달래고 옆에서 보는 나도 즐거웠다. 친구들은 놀이에 빠져 시간가는 줄도 몰랐다. 양보와 협동을 배우는 소중한 시간이었다.

:: 또래 놀이에도 질서와 규율이

노는 아이들의 얼굴은 행복해 보인다. 얼마나 신나게 노는지 땀까지 뻘뻘 흘린다. 아이들은 마음대로 뛰노는 것 같지만 나름의 질서와 규율을 갖고 있다. 밥상 앞에 앉아서 감사합니다 라며 꾸벅 인사할 줄도 아는 귀염둥이들이었다.

어느 날은 승우의 머리에서 머릿니가 나왔다. 그전까지는 이가 없었던 아이라 어떻게 생기게 된 건지 궁금했다. 자주 놀러오는 아이들을 한번 살펴보았다. 그리곤 이내 승우에게 이를 옮긴 아이를 찾을 수 있었다. 10살 정도 되는 다운증후군을 앓고 있는 누나였다.

그 애는 아파트 뒤의 일반 주택에 세 들어 사는 누나였다. 가끔 뒷산에 오를 때 자주 마주치곤 했다. 아이가 잘 웃고 붙임성이 있었다. 승우에게 장애우에 대한 선입견을 갖게 하고 싶지 않았다. 다른 친구들과 똑같이 대했다. 집에 놀러오라고 했더니 두 살 터울 동생을 데리고 함께 오곤 했다.

그 애 엄마는 식당에 나니고 아빠와는 이혼했다고 한다. 그 애는 승우를 무척 예뻐하고 사랑스러워 했다. 이를 옮겼다는 이유로 관계를 끊을 수는 없었다. 샴푸와 약을 구해 그 애가 집에 놀러올 때마다 머리를 감겨 주었다. 자연스럽게 승우에게 머릿니가 생길 일이 없어졌다. 그 후로도 승우는 그 누나와 친하게 지냈다.

어른의 선입견으로 아이의 의식과 행동 범위를 규정해선 안 된다. 섣부른 고정 관념을 갖지 않도록 부모부터 열린 마음을 가져야 한다.

소꿉놀이할 때면 아이들은 실제 자기네 엄마 아빠의 행동을 그대로 흉내 내곤 했다. "여보, 왜 그렇게 술을 마시는 거예요?, 양말은 세탁기에 넣으라고요. 어서 식사하세요." 등등 자기 집에서 엄마와 아빠가 나눴던 얘기들을 실감나게 재연했다. 서로 역할을 정하고 그에 따랐다. 누가 아빠 역을 하고 아기 노릇할지를 정하는 과정도 재밌어 보였다.

어른이 볼 때는 별 거 아닌 것 같아도 아이들의 놀이 속에 이상과 질서와 사회가 숨어 있었다. 그들에게 놀이는 꽤나 진지하고도 더없이 열성적으로 임할 수 있는 일종의 사회 활동일 지도 모른다. 아이들은 놀이할 때 몰입한다. 그 어떤 것보다도 놀이의 힘은 강력하다.

잘못은 단호히,
칭찬은 너그러이

:: 몰래 사탕

승우는 사리적으로 조곤조곤 얘기하는 걸 참 좋아했다. 우선 욕심을 내려놓고 승우 말에 귀를 기울였다. 어쩌다 화가 나 윽박지를라 치면 오히려 역효과였다. 내 감정이 고스란히 승우에게 전달됨을 알아챘다. 나도 금방 반성하곤 했다.

아이의 잘못된 행동에 대해서는 잘못한 그 순간 곧바로 아이의 두 눈을 바라보며 말해야 한다. 그 행동이 왜 잘못 되었는지를 알려 주어야 한다.

한번은 승우가 5살 때, 저금할 돈으로 몰래 사탕을 산 적이 있었다. 그날은 유치원에서 정한 저축 날짜였다. 매달 천 원씩 가져 갔다. 그날 그 돈으로 딴 짓을 했다. 자초지종을 물으니 같은 유치원에 다니는 형이 사탕 사 먹자고 했단다. 저금할 돈을 다른 곳에 썼으니 바로 잡아 줘야 했다.

우선 승우를 앉혀 놓고 너에게 줬던 돈은 저축하라고 준 돈이라는 것을 확인시켰다. 그리고 그 돈으로 다른 짓을 했으니 그 사탕은 네 것이 아니라고 말해 주었다. 쓰레기통을 가리키며 저기에 사탕을 버리라고 했다. 아까워 버릴 수 없다며 아이는 금세 울상이 됐다. 설득해서 결국 쓰레기통에 사탕을 스스로 버렸다.

옳지 못한 방법으로 취득한 것들에 대해서는 단호하게 스스로 처분하도록 해야 한다. 정당하지 못한 행동으로는 얻을 것이 없다는 교훈을 느끼게 해주는 것이 좋다.

물론 나도 그때 화가 많이 났다. 하지만 화를 참으며 나지막한 소리로 승우를 꾸짖었다. 그리고 안아 주었다. 사탕 사건은 좋은 교훈을 얻는 중요한 시간이 되었다. 다시는 그런 행동을 하지 않았다. 크면서도 잔돈 박스가 손 가까이 있었지만 양심을 속이는 일은 하지 않았다. 첫 번의 사건을 어떻게 느끼고 깨닫느냐에 중요한 의미가 있다고 본다.

:: 몰래 퍼즐

어느 날 승우가 유치원용 장난감을 가방에 넣고 집에 왔다. 퍼즐 블록 중 하나였다. 나는 승우에게 말했다. "네가 퍼즐을 좋아하는 건 잘 알지만, 퍼즐 중에 하나가 빠지면 완전한 퍼즐이 완성되지 않잖니? 만약 어떤 사람이 네 몸 중 눈 하나를 몰래 가져간다면 네 몸은 어떻게 될까?" 승우는 내 말에 공감하는 눈치였다. 이어 말했다.

"이 퍼즐 한 조각이 우리 집에 있으면 유치원에 있는 다른 퍼즐들이 슬플까, 기쁠까?" 승우는 슬플 거라고 했다. 다시 갖다 놓겠다고 했다. 아무리 어린 아이라도 상황에 맞게 이치를 설명하면 수긍한다.

꾸짖거나 훈육하기 전에, 평소 생활하는 동안 아이와의 애정 관계를 충분히 신경 써 놓아야 한다. 아이 역시 그러한 사랑을 실감하고 있어야 한다. 그래야 아이도 부모로부터 받는 훈육을 오해하지 않고 받아들이고 이겨낼 수 있다.

부모가 자신이 싫어서 꾸짖는 것이 아니라, 사랑하기 때문에 그런 것이라는 생각이 기본으로 깔려 있게 된다.

아이들은 가끔씩 자기 물건과 타인의 물건을 구분하지 못한다. 물건의 소유 관계에 대해 잘 이해하지 못하는 나이라서 이다. 자기가 좋아하는 장난감일 때 특히 그렇다. 그럴 때 그 행동을 모른 체 지나치거나 다시는 안 그러겠지 라고 생각하며 두루 뭉실 넘기면 아이의 버릇을 그르칠 수 있다.

:: 어리지만 자기 행동에 책임질 도덕심을

어리지만 자기의 행동에 책임질 도덕심을 길러 주어야 한다. 무슨 행동이든 처음이 중요하다. 그 행동이 왜 안 좋은지 다른 친구들이 어떤 피해를 입을지에 대해 설명해 주면 아이는 금방 이해하고 그런 행동을 자제하게 된다.

"사람 됨됨이를 가르치는 것이 학문을 가르치는 것보다 더 중요하다. 아이에게 먼저 사람이 되는 법부터 가르치고 그 다음에 학문을 가르쳐야 한다."고 중국의 교육 실전가 펑은홍은 수장한다. 인격 형성이 학문에 우선한다는 말이다. 도덕을 먼저 가르치면 학문은 저절로 뒤따른다고 했다.

:: 칭찬

승우는 유치원 때 동화책을 읽으며 악당들이 죽는 장면이 나오면, 장차 사람이 죽지 않는 약을 만들겠다고 내게 말하곤 했다. 그 약을 먹으면 엄마도 영원히 살게 될 거라고 했다.

"자기 생각, 자기 노력을 인정해 주는 어머니는 아이의 마음에 자신감을 심어주게 된다." 라고 한 이원영교수의 말처럼 나는 승우가 의욕적으로 하는 말에 아낌없이 칭찬하곤 했다.

그 목표가 현실성이 있는지 없는지의 여부는 크게 중요하지 않다. 아이가 의지를 가지고 말하는 대상이나 목표가 있다는 것, 그러한 목표를 스스로 찾아내고 의견을 피력한다는 행위 자체로 충분히 칭찬받을 만하다.

남을 걱정하고 생각할 줄 아는 네가 자랑스럽다고 승우에게 말해 주었다. 자신뿐만 아니라 남도 이롭게 해야 한다는 생각을 갖는 게 행복의 조건이라 생각했기 때문이다.

칭찬을 많이 받고 자란 아이는 자신감이 넘치고 표정도 밝다. 긍정적으로 살아갈 힘을 얻는다. 칭찬은 관계를 좋게 한다. 부부 관계에서 뿐만 아니라 자녀에게도 상대가 듣고자 하는 말이 뭔가를 파악해야 한다. 내가 알리고자 하는 것을 두 번 이상 하면 잔소리일 뿐이다.

"부모와 교사는 반드시 아이의 도덕 교육에 힘써야 한다. 이렇게 해야 아이의 내면에 옳고 그름을 따질 수 있는 시비관이 생겨 외부의 부정적인 영향을 막을 수 있다. 도덕은 아이가 부정적인 압력을 막을 수 있는 방패요, 올바른 일을 하게 하는 힘이다." 라고 말했다.
〈부모대학, 추이화평, 리원은-162쪽〉

:: 끝내는 엄마 ··· 아이 의욕을 Down 시키는 엄마

아이가 생떼 쓸 때 할 수 없이 들어준다. 아이를 설득하지도 않고 일관적이지도 않다. 나중에 안아무인이 되도록 만들고 있음을 인지하지 못한다. 아이가 유치원 버스를 놓친다면 엄마가 데려다 준다. 아이의 습관을 그르친다. 곧 부모가 부지런할수록 아이는 게을러진다. 부모가 기다리지 못하고 아이를 대신해 대리모 역할을 철저히 한다. 귀여우니 괜찮고 나중에 잘하리라 믿는다. 과잉보호다. 주변의 모든 것이 아기 호기심 대상인데 그냥 흘러 보낸다. 시도조차 안 하고 어느 기관에만 의탁하려 한다. 간섭과 잔소리로 아이를 소극적으로 만든다. 다양한 기회를 체험시키지 않는다. 보여주기가 동기부여가 됨도 인식하지 않는다. 아직 어리니까 다 용서가 된다. 집을 깔끔하게 정돈하고 아이들의 놀이 장소로는 생각지도 않는다. 공부만이 우선이다. 책 속 길에 무관심이다.

:: 끝내주는 엄마 ··· 아이 의욕을 Up 시키는 Upmom

   아이가 생떼 쓴다고 다 받아주지 않는다. 엄마의 고집이 더 세면 이긴다는 걸 안다. 아이는 자기가 원하던 걸 스스로 포기하며 순종, 겸손, 참는 법을 배우게 한다. 아이가 유치원 버스를 놓쳤다면 아이에게 책임을 전가한다. 재발 방지 처방이 필요하다. 아이는 미숙할 뿐이니, 익숙해 질 때까지 반복하며 인내를 길러준다. 기다림은 그 무엇보다 힘든 과정임을 인식한다. 아이가 필요한 때만 조금 도와준다. 주변의 인연이 어떻게 연결될지 모른다는 점을 늘 생각한다. 100원짜리 과자 속 로봇이 운명을 바꿀 인연인 것처럼 인연의 끈을 소중히 한다. 스스로 학습이 전공으로 이어져 블루오션의 바다에 헤엄칠 수도 있게 비전을 준다. 그저 바라보고 허용해 줄 줄 안다. 보여주기는 1차 동기부여다. 집안을 동네 놀이터로 오픈해 놀이 속에서 양보와 배려, 몰입 등을 배우게 한다. 사람 됨됨이를 가르치는 일은 공부보다 우선으로 여긴다. 책 속에서 길은 찾는다.

한 아이를 결코 다른 아이와 비교하지 말라.
단지 그 자신과만 비교하라.

- 페스탈로치 -

가르치지
않을 용기를!

가르치지
않을 용기

글자는 기호에 불과할 뿐!

우리 부모들은 아이가 한글을 빨리 깨우치는 것을 자랑스럽게 생각한다. 오리고 붙이고 집안 전체가 한글 놀이 장소다. 글자는 기호에 불과할 뿐이다. 바른 말을 사용하고 어휘의 뜻이 무엇인가를 이해하는 게 더 우선이다.

요즘 대부분 바빠서 하루에 30분도 대화할 시간이 없다. 대화의 시간이 부족하다면 대신 책을 읽어 주면 된다. 책 속에는 고급 문장이 많이 있다. 글자를 익히는 것이 중요한 게 아니다. 대화를 많이 들려주어 언어의 기반이 갖추어져야 한다.

승우가 5살 때였다. 책 한권을 줄줄 읊조렸지만 정작 한글은 몰랐다. 승우는 월트 디즈니 애니메이션, 이솝 우화, 로봇 관련 책을 좋아했다. 책읽기에 푹 빠졌다. 책 내용을 담은 카세트 테잎을 오디오로 듣고 또 들었다. 통째로 외워 버리곤 했다. 밥만 먹으면 동화 속 나라로 향했다. 그게 싫증나면 조립하고, 그리기를 번갈아 했다. 그 집중력은 대단했다.

하루는 윗집 아주머니가 승우에게 책을 읽어보라고 시켰다. 어린 것이 조사 하나 안 빼고 책 한권을 줄줄 읊조리는 걸 신통해 했다. 한 글이나 알고 저럴까 하는 마음에 테스트를 하고 싶었나 보다. 그 아 주머니는 승우에게 물었다. "이게 무슨 '자'야?"하고 손가락을 짚었 다. 승우는 모르겠다고 했다.

승우는 한글도 모른 체 책 내용을 담은 테이프를 수도 없이 듣다 가 책 전체를 통째로 외워 버렸다. 그 후로도 계속 초등학교 입학 전 3개월까지 한글을 가르치지 않았다.

:: 바른 말, 어휘 뜻 이해가 우선

소위 '불량엄마'의 전형이었다. 글자는 기호에 불과하다. 나중에 쉽게 조합할 것이라 믿었다. 승우가 한글은 모를지언정 각 단어에 대한 의미는 잘 알고 있었다.

단어의 의미를 파악하는데 1,000번은 노출되어야 한다는데, 승 우는 이미 반복 재 반복으로 그 이상이었기에 저절로 알게 되었나 보 다. 나는 그런 승우에게 더 신뢰가 갔다. 조급할 필요가 없었다.

:: '에너지'라는 말

승우가 7살 때 유치원에서의 일이다. 선생님이 아이들과 이야기 를 나누다가 '에너지'라는 말이 나왔다고 한다. 그래서 선생님은 아 이들에게 '에너지'가 뭔지 말해 보라 했다. 여러 이야기가 나온 중 거의 정확히 답변한 애가 승우라고 하셨다. 그 나이에 그렇게 깊이 알고 있는 것에 놀라워 칭찬했다고 한 말이 생각난다.

그 당시 친구들은 거의 한글을 깨우쳤지만, 승우는 한글을 완벽히는 몰랐다. 하지만 '에너지'라는 단어의 뜻에 대해서는 잘 알고 있었다. 승우가 좋아라 하는 로봇 동화책에서 이 에너지라는 단어가 끊임없이 나왔기 때문이다.

'에너지'에 관해서라면 나름 박사였다. 물론 책은 내가 읽어주고 카세트 테잎으로 주로 듣곤 했다. 책이 닳도록 보고 또 봤다. 몰두하는 승우의 모습을 옆에서 바라보는 나도 행복했다.

나는 그래도 그런 것이 그리 대단하다고 생각도 못했다. 그냥 그게 승우의 일상이었기 때문에 특별할 것 없었다. 물론 승우도 그렇게 생각했을 것이다. 밥 먹고, 책보고, 듣고, 그림 그리고, 조립하고, 만들고, 퍼즐 맞추는 등등이 승우의 일과였다. 색다를 것도 특별할 것도 없이 그냥 그렇게 즐기는 수준이었을 뿐이다.

∷ 10살 터울 둘째 낳고서야 승우의 적성 확신

10살 터울 둘째를 낳고서야 그게 정말 색다른 일들이었다는 걸 새삼 깨달았다. 왜냐하면 둘째는 너무나 판이하게 달랐다. 누구나 다 그려대는 줄 알았는데 그게 아니었다. 만들고 조립하고 맞추는 것도 아니었다.

아이마다 이렇게 다르구나 하고 알게 되었다. 그때서야 뒤늦게 승우의 적성을 확신하기 시작했다. 그래도 아이의 진로를 열기까지는 한참의 방황기가 있었다.

:: 언어

언어 이야기를 하다 잠깐 삼천포로 빠졌다. 다시 이어 말하겠다. 언어란 단어의 쓰임과 의미를 아는 게 무엇보다 중요하다. 그것은 곧 실생활과도 연결된다. 그뿐만이 아니라 중학생이 되면 갑자기 성적이 안 나오는 분야도 국어이다. 대입 수능에서 언어 영역은 골칫거리 중의 하나다.

따지고 보면 모든 것이 어려서 부터 연결된다. 언어도 마찬가지다. 태어나자마자 들려 주는 고급 문장들, 노출되어야 하는 절대적 언어의 양과 질 등이 판가름한다고 본다. 듣기야 말로 가장 기본적 훈련인 셈이다.

그 당시에도 일일 학습지가 유행했다. 대여섯 살 나이에 한글과 숫자를 이미 깨친 아이가 많았다. 나는 그것에는 전혀 관심을 두지 않았다. 그 대신 승우는 더 많은 것들을 읽고, 듣고, 깨우치길 원했다.

요즘은 몇 개 국어를 어려서부터 가르친다고 한다. 아직 자국어도 채 자리 잡지 못한 상태에서 아이들은 혼란스러울 것이다. 말은 듣기에서부터 시작된다. 다양한 어휘를 많이 들려 주면 된다. 뇌에 쌓여 그 경험들이 말의 원천이 되기 때문이다.

:: 글쓰기, 말하기의 중요성

근래에 말을 잘해 성공하는 사람은 많다. 우리나라도 스피치대회가 많이 늘고 있다. 티브이나 라디오 프로그램에 아예 자리가 잡혔다. 자신을 표현하는 수단중 하나로 말하기와 글쓰기는 점점 더 중요하게 부각되리라 믿는다.

미국의 오바마 대통령도 글쓰기와 말을 잘해 성공한 케이스다. 그가 하버드대 재학 때부터 그의 프레젠테이션을 듣고자 다른 과 학생들이 몰려들 정도였다고 한다. 남을 설득한다는 것은 큰 기술이다. 아마도 그의 내재된 언어와 제스처, 유머가 만들어낸 합작품일 것이다.

서머힐 학교를 세운 닐, 몬테소리, 피아제 같은 유아 교육가들은 5살까지 글자나 숫자 같은 고정적 개념을 강제로 주입하면 아이들 뇌 기능이 더 이상 발달하지 않는다고 충고한다. 한번쯤 유념해 볼 얘기다.

놀아야
산다

∷ 놀이 속, 더 큰 학습이 숨어

최근 어린이날을 앞두고 전국의 시교육감들이 '놀이 헌장'이라는 것을 발표했다.

'어린이에게는 놀 권리가 있다. 어린이는 차별 없이 놀이 지원을 받아야 한다. 어린이는 놀이터와 놀 시간을 누려야 한다. 어린이는 다양한 놀이를 경험해야 한다. 가정, 학교, 지역사회는 놀이에 대한 가치를 존중해야 한다'는 5개 항목으로 이뤄져 있다.' – 2015.05.04 연합뉴스.

퍽 반가운 소식이다. 실컷 논 아이가 성공할 확률이 많다. 놀이는 아이에게 생명과도 같다. 맘껏 논 아이는 마음에 여유가 있다. 활기가 넘친다. 문제 해결력도 월등하다. 놀이를 통해 정서가 순화되고 스트레스로부터 벗어나며 자신감도 생긴다.

놀이를 통해 흥미롭고 유익한 일을 찾아 즐겁게 생활토록 해야 한다. "아이들의 변화와 자유에 대한 사랑을 적절히 활용해야 하며, 책이나 배움을 의무로서 강요하면 안 된다."고 존로크는 말했다. 부모와 가정교사, 학교 교사들이 유념해야 할 이야기다.

해야 할 일, 숙제 아닌 놀이로

바쁘게 움직이기를 좋아하는 아이들의 성향이 본인에게 유용하게 작용하도록 언제나 주의를 기울여야 한다. 그러기 위해서는 아이가 해야 할 일을 숙제가 아닌 놀이로 만들어 주어야 한다.

아이가 친구들과 어울리지 못하면 자연히 사회성도 낮아진다. 자아 중심적이고 공감 능력도 떨어진다. 또래 친구들과 함께 놀도록 엄마가 배려해 주어야 한다. 집안이 난장판이 되어도 아이의 소중한 놀이가 중요하다.

모든 건 때가 있다. 친구와의 놀이가 재밌으면 아이는 자기도 모르게 친구를 좋아하게 된다. 그렇게 되기 전까지는 부모가 아이와 놀아주어야 한다. 부모가 잘 놀아준 아이는 놀이의 재미를 알기 때문에 친구와도 잘 놀게 된다.

놀이가 아이들의 전부이던 시대도 있었다. 놀이는 성격도 무난하게 만들어 줄 뿐만 아니라 집중력도 길러준다. 놀면서 사물을 탐색하고 규칙을 알아가며 질서를 배우게 된다. 자기도 모르는 사이에 빠져들어 몰입하게 된다. 놀이는 학습이다. 아이가 잘 놀면 부모는 칭찬해야 한다.

놀이에도 시간 투자

아이와 놀아줄 때, 부모의 입장에서는 많은 것들을 포기해야 한다. 친구와의 약속, TV 시청, 쉬고 싶은 욕구 등등이다. 요즘 아이들은 어릴 때부터 부모의 계획표대로 지낸다. 거기에 맞추려면 놀시간이 부족하다. 놀이 속에 더 큰 학습이 숨어있다는 사실을 잊은 채 말이다. 무엇이 진정 우리 아이를 위한 길인지 잘 생각해 보아야 한다.

모노 폴리 게임

놀이에도 규칙이 있다. 그 속에서 해결능력을 키운다. 성취감도 맛본다. 유명한 보드게임 중 하나인 '모노 폴리'를 예로 들어보겠다. 모노 폴리하면서 경제관념과 계획, 규칙 등을 배울 수 있다. 이외에도 끝말 잇기, 블록 쌓기 등은 언어와 공간 지각력을 향상시킨다.

우리 가족은 아이들이 장성한 요즘에도 특별한 날이면 가족이 둘러 앉아 모노 폴리 게임을 하곤 한다. 아이들은 내기하는 것을 좋아한다. 시작하면 3~4시간은 족히 걸린다. 하다 보면 재미있다. 함께해서 좋고, 가족 간에 그간 부족했던 얘기를 나눌 계기가 된다. 자연스럽게 대화가 많아진다.

:: 놀이 경험의 용량, 호기심과 비례

놀이 학습은 학습 중 으뜸이다. 놀이 경험의 용량대로 호기심도 비례한다. 잘 논 아이가 성공 확률이 높은 이유다. 자기 경험, 자기 통찰의 기회는 용기를 동반한다. 어른이 보기에 하찮은 놀이라도 아이에겐 새로운 도전이다.

생소한 놀이를 접하면 처음에는 약간 겁을 먹거나 경계할지라도 이내 더 적극적으로 관심을 갖고 흥미를 보이게 된다. 새로운 것에 부딪힘 없이 적응하도록 훈련하는 방법이기도 하다. 호기심은 곧 탐구로 이어진다.

루소의 저서 '에밀'에 다음과 같은 구절이 나온다.

"어린이는 현재의 삶을 살면서 행복해야지, 알지도 못하는 미래의 삶을 준비하기 위해 현재의 삶이 희생되어서는 안 된다." 아이에게 한 번에 너무 많은 것을 가르치려 하지 않는 것이 좋다. 놀아야 할 시기에는 놀이를 최대한 활용하면 좋다. 그 시절 아이가 겪을 충분한 경험을 제공해 주는 것이 바람직하다.

:: 한치 앞 모르는 게 사람

한치 앞도 모르는 게 사람이다. 미래를 위해 현재를 희생한다는 것은 아이의 삶을 깎아 먹는 일이다. 아이는 현재를 즐길 권리가 있다. 미래를 위해 현재를 저당 잡히지 말아야 한다.

미국의 작가 제롬 데이비드 샐린저의 '호밀밭의 파수꾼'과 N.H.클라인바움의 '죽은 시인의 사회'의 메시지도 '오늘을 살라'이다. 즉 획일화되고 출세만을 고집하는 사회의 말로를 분명히 보여주는 책이다.

그럼 현재를 어떻게 즐길 수 있을까? 앞서 놀이의 중요성에 대해 설명했다. 대부분의 사람들은 이 논다는 개념에 대해서 부정적인 시각을 가지고 있다. 마치 게으르고, 준비성이 없는 즉, 영양가 없는 행위처럼 여겨지기 때문이다.

놀이는 충분히 생산적인 활동이다. 아이가 행하는 놀이는 더욱 그렇다. 아이에게는 논다는 개념조차 사회와 엮이는 하나의 거대한 액션이다. 다른 친구들과 어울린다면 더할 나위 없다. 어른들이 그렇게 강조하는 '사회성'의 출발이 이것이 아닐까? 그 외에도 많은 부분이 놀이 안에 내재되어 있다. 놀아라. 놀아야 한다.

❸ 자연은
최고의 스승

"자연을 깊이 들여다 보라! 그러면 모든 것을 더 잘 이해하게 될 것이다."

-알베르트 아인슈타인

∷ 휴일이면 무조건 들로 산으로

승우가 어릴 때부터 휴일이면 무조건 야외로 나갔다. 자연으로 나가지 않으면 휴일을 헛되이 보낸 느낌일 정도였다. 최대한 자연과 가까이 했다. 자연과 실체를 통해 체험했다. 자연은 진실하고 다정하다. 자연은 있는 그대로를 보여준다. 가식이 없다.

자연은 인간의 안식처다. 번잡한 도시를 떠나 맑은 공기 속에서 휴식을 취하면 좋은 에너지가 생긴다. 요즘 말로 힐링이다. 내가 자란 시골의 초록 물결이 지금도 마음을 평온하게 한다. 나는 자연 속의 평안과 위대함을 느끼게 해주고 싶었다. 그 속에서 아이가 뛰노는 시간을 늘려 주고 싶었다.

　　승우가 초등학교 저학년 7월 중순 경에 숲에 갔다. 매미가 울었다. 숲에서 끊임없이 매미 소리가 들렸다. 수컷의 소리였다. 우화한 매미 껍질도 보았다. 매우 신기해 했다. 승우는 갑자기 매미가 궁금해졌다. 나는 승우에게 집에 가서 백과사전을 찾아보자고 했다.

　　아이들이 지식을 이론으로만 이해하는 데는 한계가 있다. 실제 경험을 통해 궁금증을 해결할 수 있다. 책만 보고서는 다 이해할 수 없다. 실제로 보고 느끼며 탐색하는 과정에서 이치를 깨닫게 된다. 완전에 이르려는 노력으로 자기 것이 된다.

　　나들이 후의 과학 책과 백과사전 찾아보기는 선명하게 기억에 남았다. 자연스레 흥미와 호기심도 생긴다. 책의 고마움이다. 승우는 밖에서 본 것을 눈으로 확인하는 애프터에 더 많은 흥미를 갖게 됐다. 승우는 집에 도착하자마자 매미에 대해 찾아 보았다.

　　매미는 5년~7년 동안 땅 속에서 유충으로 지내다 세상에 나온다. 2주 정도를 이 세상에서 산다. 울음으로 짝을 찾는다. 나무의 수액을 먹는다. 북아메리카의 일부 매미는 13년~17년을 땅 속에서 유충으로 살다 땅 밖으로 나온다. 겨우 2주~4주간 생존한다. 그 안에 짝짓기를 해야 한다고 했다.

　　매미는 짧은 시간을 살기 위한 인고의 세월을 우리에게 안내한다고 나는 덧붙였다. 자연은 많은 것을 우리에게 안겨 준다. 보고 듣고 느끼게 하는 위대한 자연이다. 그러면서 나의 중학교 여름방학 숙제였던 곤충채집 얘기를 승우에게 들려주었다. 스르매미, 참매미, 말매미 등 갖가지 종류의 매미를 잡았다.

우선 매미의 내장을 빼내고 알코올로 소독한다. 알코올 솜을 뱃속에 집어넣는다. 부패를 방지하기 위함이다. 몸체가 잘 유지되어야 멋진 곤충 채집이 완성된다고 말해 주었다. 승우는 그날 매미에 대해 많이 알았다고 좋아했다.

곤충 왕 파브르의 어머니는 곤충을 좋아하는 아들을 위해 항상 아이와 함께 자연을 관찰해 주었다. 그런 도움으로 그 유명한 파브르 곤충기를 쓸 수 있었다. 부모가 배울 기회를 제공함으로써 아이가 미래에 어떤 인연을 가질지는 정말 모른다.

주변이
학습의 장

:: 책방 나들이

집 안팎이 모두 학습의 장이다. 승우는 버스를 기다리며 숫자 놀이를 하거나, 간판 읽기를 하는 등 놀이거리를 찾기 바빴다. 체험 학습은 학습인지도 모르게 놀이처럼 빠져드는 장점이 있다. 일상에서 은연중에 배울 게 더 많았다.

승우에게 숫자나 글을 가르치려고 책상에 앉혀 다그쳤다면 배움에 대한 악감정만 일었을 것이다. 아이가 자연스럽게 알도록 하는 방법이 현명한 방식이라 생각했다. 그러려니 내가 심혈을 기울여 승우와 교감해야 했다. 주변에 관심만 가진다면 배울 것 투성이였다.

:: 직접 체험

예전에는 시장에서 채소를 사서 다듬을 때 가끔 달팽이가 섞여 있기도 했다. 나는 그럴 때 승우를 불러서 보여주곤 했다. 승우는 신기해 하며 관찰하곤 했다. 아이가 초등학교에 들어가더니 주변에 부쩍 관심을 더 가졌다. 나는 그런 승우에게 될수록 기회를 주려 노력했다.

며칠 후엔 집 앞 놀이터에서 왕개미를 한 웅큼 잡아 왔다. 모래 속에 넣고는 개미집을 만드는 과정을 재밌게 관찰하곤 했다.

승우는 개미를 잘 기르려면 어떡해야 하는지 궁금할 수밖에 없었다. 자신이 직접 백과 사전을 뒤지며 방법을 찾기 시작했다. 인터넷이 없었던 시기였다. 자신의 놀이가 학습으로 이어지고 있었다.

그 후로 승우는 이것저것 키우는데 재미를 붙였다. 붉은 귀 거북을 키우기도 했고, 앵무새를 키우기도 했다. 마지막엔 햄스터까지 키웠다. 다 키우는 방식이 제각각이었다. 그렇게 지내면서 다양한 존재에 대해 인식하고, 각자의 다름에 대해 알아갔다.

각기 먹는 양도 다르고, 주로 활동하는 시기도 다른 생물이었다. 승우는 제법 생각의 유연성이 생겼다. 게다가 생명의 소중함도 조금씩 알게 되었다.

"지식은 실천할 때 비로소 실질적으로 자신의 것이 된다. 아이들도 마찬가지다. 아이들이 이해할 수 있는 지식에는 한계가 있지만 탐구하는 것을 좋아하면 실생활에서 궁금증에 대한 답을 찾을 수 있다. 이것은 아동 심리발달의 정상적인 형상이다.

〈추이화팡 리원의 저서 '부모대학' 272쪽〉

승우는 직접 체험하며 관찰하는 면에서 적극적이었다. 지금은 동영상이나 인터넷이 그걸 대신한다. 잃어버린 것과 얻는 것이 공존하는 세상이다. 장단점을 적절히 보완할 필요가 있다.

도덕적인 면에서도 그렇다. 생활 주변이 모두 배울 거리다. 굳이 교육을 하지 않을 때도 아이는 보고 배운다. 부모가 옆집 사람에게 대하는 태도, 경비아저씨와 나누는 인사, 전화 통화 내용 등을 보고 배운다. 놀랍다. 그래서 아이를 보면 그 부모를 알 수 있다고 한다.

부모가 이웃을 좋아하면 아이도 그럴 가능성이 크다. 부모의 일거수일투족이 반영된다. 콩 심은 데 콩 나고 팥 심은 데 팥 난다는 말이 이해가 간다. 매사 부모는 행동거지를 바르게 해야 한다.

아파트 경비아저씨는 승우를 예뻐했다. 늘 인사성이 바르다고 했다. 언젠가 한번은 아저씨가 아이스크림 사먹으라고 돈까지 주었다며 좋아했다. 아이들은 그렇게 친밀함을 느끼며 세상을 배워간다.

버블을 걷어라,
실체가 보인다

::: 빠름에 대해

빠른 것에 익숙한 한국인이다. 빠른 학습으로 유럽이나 미국이 200년 걸릴 것을 우리는 불과 3~40년에 해냈다. 그에 덩달아 요즘에는 어른보다 아이들이 더 바쁘다. 갓난아기부터 그렇다. 어느 회사의 CEO보다도 더 바쁜 일정이다.

왜 그럴까? 의식주 관행의 편리가 사람을 바쁘게 만들었다. 잠시 원시인으로 되돌아 가보자. 그들의 시간은 하릴없이 많아 보일 것이다. 비록 먹거리, 입을 거리, 잠잘 곳이 불편하지만 단순히 살아서이다.

그럼 불편을 벗어난 우리는 어떤가? 풍족함 대신 시간을 저당 잡혔다. 각종 영상물, 간편한 패스트푸드, 학교, 학원, 개인 교습에 이끌려 자신의 시간을 빼앗겼다. 남보다 더 빨리 더 높은 고지 탈환을 위해 달려야 하다 모두가 숨가쁘다

마치 너도나도 고속 질주하는 차량과도 같다. 멈추는 한 사람으로 인해 고속도로는 정체되고 만다. 목표가 없어도 한번 들어서면 끊임없이 달려야 한다. 여기저기 성공을 부추기는 광고들이 넘쳐난다. '

이번 겨울 방학을 잡아라.' '기회는 다시 오지 않는다' 등등 돌아가는 콘베이어 벨트에 몸을 실어야 안심이다. 왜, 무엇을 위해 질주하는가? 잠시 생각해 보자.

거품 낀 허상

위선, 겉치레가 만연해 나를 대신한다. 좋은 옷, 좋은 구두, 좋은 백, 지위, 재산, 학벌이 한 사람을 규정한다. 그게 화려할수록 성공했고 잘 사는 거라 말한다. 과연 그럴까?

내적 자유와 충실함이 가득한 사람이 행복하다. 진정 행복하다고 말하는 사람은 요즘 보기 드물다. 늘 상대적 빈곤에 찌들기 때문이다.

물질주의 만능 시대에 못 배우고 가진 것 없다면 괄시한다. 그 두 마리 토끼를 잡으려고 행복을 뒤로 한 채 그렇게 바쁘게 산다. 빠름의 구도에서 느림의 삶으로 선회해야 길이 있다고 본다.

민낯의 자아, 느림

이제 삶의 허구를 벗어 던지고 민낯의 자아를 찾아야 한다. 느리게 살기가 그중에 하나다. 느리게 살기는 자연의 속도에 맞춰 조화롭게 사는 것이다. '슬로 라이프의 달인들'의 일본의 작가 쓰지 준이치는 진정한 슬로 라이프란 곤란하고 힘든 것을 감수하는 삶이라 했다.

우리는 더 나은 행복을 위해 오늘의 행복을 묵살한 채 내일의 행복만 쫓는다. 과연 그게 옳은 일일까? 지금 이 시간은 다시 돌아오지 않는다. 아이도 어른도 지금 행복하지 않은데 미래에 행복할까? 욕심과 허영을 내려놓고 느림을 향할 때 진정한 행복이 찾아온다.

호기심에
날개를 달자

:: **아이의 호기심**

호기심이 있는 사람은 주변의 현상에 대해서 '왜 그럴까?' 또는 '무슨 일일까?'하는 질문을 의식적으로 제기하고, 그 질문에 대한 답을 찾으려고 한다. 호기심은 자발적으로 지식을 습득하고, 사고하고, 행동하는 데 많은 영향을 미친다. 호기심은 수 십 번 '뭘까'라고 자문하는 것에서 시작된다.

디즈니랜드로 유명한 월트 디즈니의 어머니는 단 한 번도 아들의 상상력과 진취적인 호기심에 상처를 주지 않았다고 한다.

아이들은 자기 나이에 접하는 모든 것이 신기하다. 부모에게 각종 현상에 대해 묻고 또 묻는다. 그때 부모로부터 그 대답과 함께 따뜻한 반응을 얻은 아이는 긍정적 자아가 형성된다. 신이 나서 더 열심히 관찰하고 질문한다.

이 시기에 세심한 배려가 필요하다. 듣는 둥 마는 둥 하거나, 피곤하다고 해서 외면하거나, 왜 자꾸 묻냐며 핀잔을 주면 아이는 금세 풀이 죽는다. 성의껏 답해 주는 노력이 필요하다. 어떤 일에 순응하기보다는 반문하는, 남들과는 다르게 사고하는 사람이 되어야 한다.

스스로 알아가게 끈을 늘려야

아이를 풀어 주자. 경험을 체득하며 세상을 스스로 알아가게 끈을 늘려 줘야 한다. 호기심 살리기도 부모의 가치관에 의해 좌우된다. 부모의 영향력이 미치지 않는 곳이 없다. 아이가 어릴 때, 부모는 우상이다.

부모를 만물박사로 여기다가 차츰 그 부피가 줄어든다. 아이가 크는 만큼 부모에 대한 가치는 줄어들어야 마땅하다. 아이의 주체가 꼭 채워질 즈음 슬며시 자리를 양보해야 한다.

릴레이 선수가 바통 체인지를 잘 해야 하는 것처럼 부모와 자식도 그렇다. 언제까지 아이를 주도하고 지휘할 것인가? 적당한 시점에서 주도권을 넘겨주자.

재활용품, 애 손 거쳐

사실 나는 재활용품을 승우의 손에 거쳐 나가게 했다. 패트병 하나도 장난감과 실험 도구로 충분했다. 거기에 콩을 넣어 흔들어도 보고, 물을 담아 부피를 재고, 쭈그러진 패트 병을 뜨거운 물에 담가 보는 등 다양했다.

그 속에서 승우는 자연 현상을 이해하고 재질에 따라 양과 무게가 다름도 직접 느낄 수 있었다. 꼭 비싼 도구만이 유용한 것은 아니다.

만약 그럴 때 위험하다는 이유로 아이의 욕구를 허락하지 않는 다면 호기심의 싹을 자르게 된다. 부모의 허용과 관심이 아이를 키운다. 사고가 확장되고 인식 능력을 키우는데 직접 체험만큼 중요한 것도 없을 것이다.

:: **끝내는 엄마** ··· 아이 의욕을 Down 시키는 엄마

　어려서부터 글자와 숫자를 가르치려 공부 모드를 조성한다. 배움은 별로 재미가 없음을 초장부터 경험케 한다. 한글을 가르쳐 혼자 책을 보며 이해하리라 생각한다. 단지 글자만 읽을 뿐이다. 임시방편으로 당장만을 생각한다. 놀이는 시간 낭비라 생각해 놀 권리를 박탈한다. 놀이에 대해 부정적인 시각을 갖고 마치 게으르고, 준비성이 없는 즉, 영양가 없는 행위처럼 여긴다. 논다는 개념조차 사회와 엮이는 하나의 거대한 액션임을 거부한다. 미래의 행복을 전제로 현재를 희생하는 아이가 되도록 종용한다. 인간이 유한하다는 걸 자주 잊는다. 비싼 장난감이나 도구만이 아이에게 도움이 된다고 느낀다. 거품 낀 세상에서 헤맨다.

:: **끝내주는 엄마** ··· 아이 의욕을 Up 시키는 Upmom

글자는 기호에 불과할 뿐, 5살까지 글자나 숫자 같은 고정 개념을
강제로 주입하면 아이들 뇌 기능이 더 이상 발달하지 않는다고 믿는
다. 글자를 모르더라도 바른 말을 사용하고 어휘의 뜻을 아는 걸 중
시한다. 그 뜻을 자연히 알도록 언어에 많이 노출시킨다. 책 속에 고
급 문장이 즐비하므로 책 읽어주는데 심혈을 기울인다. 더불어 글쓰
기, 말하기의 중요성이 날로 높아짐을 인식한다. 해야 할 일을 숙제
아닌 놀이로 만들려고 노력한다. 놀이 경험의 용량대로 호기심도 비
례함을 안다. 잘 논 아이가 성공 확률이 높은 이유를 각성한다. 자기
경험, 자기 통찰의 기회는 용기를 동반함을 인지한다. 현재 행복 연
습을 많이 해야 미래에 행복할 확률이 높다는 것과 한치 앞도 모름
을 인식한다. 주변이 학습의 장임을 알고 늘 놀이감을 궁리하고 아
이에게 초점을 맞춘다. 곤란하고 힘든 것을 감수하는 삶으로 느리게
살며 허상애서 벗어나려 노력한다.

Chapter

비장의 무기는 아직 손안에 있다.
그것은 희망이다.

- 나폴레옹 -

6

구름이 하늘을
덮을지라도

① 절망 속
무지개

:: 일관성 있는 태도

여기 A라는 엄마가 있다. 그녀는 한 자녀를 두었다. 어느 날 A의
자녀가 친구를 때렸다. 그날 A는 갑자기 목돈이 생긴 덕에 기분이
좋은 상태였다. 때문에 아이에게 별 다른 훈육 없이 그냥 넘어갔다.

그 다음날에 A의 자녀가 반찬 투정 했다. 아침부터 몸이 안 좋은
탓에 A는 매우 컨디션이 좋지 않았다. 울컥한 마음에 체벌과 함께
반찬투정에 대해 온갖 화를 냈다.

자, A의 자녀는 어떤 기분일까? 매우 혼란스러울 것이다. 자신의
잘못에 대한 정도와 관계없이 부모가 기분에 따라 그 반응이 달라
진다. 어떤 날은 굉장히 심한 잘못을 해도 그냥 넘어가기도 한다.

그 반대로 부모의 기분이 좋지 않은 날은 아주 조그마한 잘못도
정신이 번쩍 들 정도로 혼낸다. 아이는 부모의 행동에 대해 전혀 예
측할 수 없게 되고, 혼란스러운 심리 상태가 이어진다. 부모의 양육
방식에 따라 자녀의 행동에 영향을 받는다.

부모는 일관성을 가져야 한다. 올바른 원칙을 정하고 그것에 흔

들림이 없어야 한다. 일관성 있는 부모의 아이는 자신의 행동에 따른 부모의 반응 여부를 확신하게 된다. 따라서 어떻게 행동하는 것이 옳은 것인지를 명확히 알게 된다.

부모의 기분에 따른 양육 태도가 아이를 혼돈스럽게 한다. 아이의 습관 형성에 도움이 전혀 안 된다. 아이가 혼날 각오를 하고 있는데 부모가 그냥 지나친다면 아이는 혼란스럽다. 다음에 또 그렇게 해도 되겠지 라며 예사로이 여긴다. 결국 부모의 기분에 따른 교육이 나쁜 버릇을 초래할 수 있다.

가령, 손님이 오셨다고 떼쓰는 걸 받아준다든지, 밥을 잘 먹었으니 상을 주는 식의 태도는 요행만을 바라는 마음을 갖게 한다. 일관성 있는 행동이 무엇보다 중요하다.

심리학자들이 쥐를 이용해 일관성에 관한 실험을 했다. 어떤 날은 문을 통과하면 먹이를 주고, 어떤 날은 먹이를 주지 않았다. 그 결과 쥐가 혼란에 빠져 이상 행동을 하게 된다는 사실을 발견했다.

부모의 행동에 일관성이 없을 때, 아이들도 마찬가지로 똑같은 혼란에 빠진다고 본다. 일관성 없는 부모한테 아이는 적절한 행동 양식을 배울 수 없다. 아이의 성장에 정서적, 심리적, 사회적, 지적인 면에 장애가 된다. 부모의 일관된 태도가 아이를 바르게 성장시킬 수 있다.

:: 야무진 도덕 교육

대개 부모들이 저지르는 실수는 가르쳐야 할 시기를 간과한다는 점이다. 귀엽고 사랑스러워 생떼를 쓰고 고집을 부려도 무사 통과한다. 그러다 애가 훌쩍 커버린 후에는 아이에게 쩔쩔매고 훈계할 수 없는 지경에 이른다.

그것을 별 것 아닌 양 넘어가며 용서하는 경우가 있다. 그러면 아이는 안하무인이 되어 어디에 가든 그런 행동을 하려 한다. 남의 눈살을 찌푸리게 하는 언행을 일삼고 남을 괴롭힌다. 남에게 피해를 주면서도 전혀 개의치 않는다. 부모가 모든 걸 다 허용했기 때문이다.

아이의 선악과 시시비비를 구분하는 도덕이 몸에 밸 수 있도록 부모가 공공예절과 도덕에 대한 적정한 훈육을 해야 한다. 지식의 터득과 학습적인 측면만 교육할 것이 아니라, 기본 인성 교육에 대해서도 그만큼의 비중을 할애해야 한다.

:: 일관된 언행 몸소 실천

우리 부부는 아이에게 일관된 언행을 실천했다고 자평하곤 한다. 그래서 인지 아이가 큰 다음에도 부모의 권위를 인정하고 존경하는 마음을 갖는 편이다.

심하게 혼날 경우에도 그것을 억하심정 없이 받아들이곤 한다. 부모의 진솔한 사랑이 깔려 있음을 알기 때문이다. 지금도 부모의 말이라면 거의 반항 없이 받아들이는 걸 보고 친척이나 주변 분들은 부러워한다. 그렇다고 예스맨은 아니다. 자기가 싫은 것은 분명히 '노'라고 말하는 고집이 있다.

그 모든 것은 서로의 힘든 인내의 시절이 있었기에 가능한 일이라고 본다. 남들은 귀엽다고 오냐오냐할 때 승우는 어른 취급을 받아야 했고, 억지로라도 힘든 환경을 주어 해결하도록 하곤 했다. 본인이 직접 고통을 겪으며 문제의 실마리를 하나하나 풀어나가는 연습을 해왔다.

:: 라하다 싶을 정도의 체험

승우 아빠는 승우가 다양하게 경험하기를 바랐다. 그 경험 이후에도 기억에 남는 독특한 것이기를 원했다.

한번은 남편이 승우를 데리고 나간 후 한참 후에 전화가 걸려왔다. 어디냐고 물으니 종로에 있는 교보문고 앞이라고 했다. 이제부터 아이를 데리고 집까지 걸어갈 거라고 했다. 깜짝 놀랐다. 그때 승우가 초등학교에 갓 들어간 꼬맹이였을 때였다. 집까지 6시간은 족히 걸리는 거리였다.

저녁이 돼서야 부자는 집에 도착했다. 정말 내내 걸어서 왔단다. 승우는 예상 외로 지친 기색 없이 팔팔했다. 오히려 승우 아빠가 녹초가 됐다. 아이는 오는 중간에 햄버거도 먹고 아빠랑 얘기도 많이 했다며 재미있어 했다. 요즘도 가끔씩 승우가 그 얘기를 한다.

흔치 않은 경험이었기 때문이리라. 그때 건넜던 한강 다리가 아직도 기억난다고 한다. 그러한 작은 경험이 모여 지금의 승우가 되었다고 본다.

승우를 데리고 참 많이도 돌아다녔다. 지리산이나 속리산, 설악산 등등 산장에서 2박 3일씩 자며 종주를 하곤 했다. 그 사이에 부모와 자녀 간에 수많은 대화가 오갔음은 굳이 말할 필요도 없다.

승우는 그런 경험이 사회 생활하는데도 다 연결되어 많은 도움이 된다고 한다. 어디 가서든 환경에 적응할 힘이 그동안 단련 속에서 나온 듯하다며 감사할 줄도 안다.

그럴 때 정말 뿌듯함을 느꼈다. 아, 바로 그거였다. 아이가 성인이 된 후에 홀로설 수 있도록 해주는 것이 부모의 역할임을 새삼 깨달았다.

구름이 하늘을
덮을지라도

:: 새 유치원의 창의력 테스트 결과

승우가 6살 때였다. 그 때 1년 후에 입주할 아파트가 신축 공사 중이었다. 기존 유치원을 1년간 더 다니느니 이사 갈 근처 유치원에 다니는 게 낫겠다 싶었다. 문제는 원거리 통학이었다. 감수해야 했다.

무엇보다 기존의 열린교육 연계 유치원에 역점을 두고 골랐다. 그런 곳은 별로 없었다. 한 곳을 결정했다. 추첨제였다. 추첨 결과 당첨이었다. 그곳은 초등학교 입학 바로 직전 아이들만을 모집했다. 원생들은 대개 7살이다. 같은 또래만 다니는 곳이라 더 좋았다.

기존 유치원에서 2년을 다녔으니 새로운 환경을 접해 볼 차례다. 왠지 각오와 비전이 그곳에 있을 것만 같은 느낌이었다.

입원 한 달 후 쯤, 새 유치원의 학부모 총회가 열렸다. 유아교육자인 모 교수가 원장이었다. 그 당시 그 교수의 유아에 대해 연구가 활발했다. 연구 활동 시에 그 유치원 아이들이 테스트의 첫 대상이 되었다. 교수 연구의 표본 집단이 된 셈이었다.

교수는 학계에 새롭게 제시할 유아 연구들을 그 아이들에게 먼저 실험하고 적용했다. 그 결과지가 이번 설명회 요지였다. 예컨대 '창의' 테스트였다. 그 날, 그 내용과 결과를 부모들에게 설명했다. 교수는 창의적인 아이로 키우려면 어떻게 해야 하는지에 대해 먼저 강연했다.

:: '어떤 애' 얘기

교수 겸임 새 원장은 학부모들이 모인 가운데 '어떤 애' 얘기로 이어갔다. "요즘 아이들 왜 이렇게 바쁜가요? 뭘 알아오라고 숙제를 내줬는데 바빠서 못했다고들 합니다. 그래서 너희들이 집에서 뭘 하는데 그렇게 바쁘니? 하고 물었어요.

영어, 국어, 산수, 피아노, 태권도, 바둑 등을 한데요. 엄청 힘들다고들 합니다. 아이들이 집에서 배우는 걸 조사했어요. 최고 대여섯 가지 손드는 애들도 몇 명 있었고요. 대부분 두 세 가지는 기본이더군요.

그중에 아무 것도 배우지 않는다는 애가 딱 한 명 있었습니다. 그 애가 이번 창의성 검사에서 제일 높게 나왔어요! 구체적인 내용은 이따 각 반 담임선생님한테 확인하시면 됩니다."

나는 그 '아무 것도 배우지 않는다는 아이'에 대해서 잘 알고 있었다. 승우가 그랬다. 학원에 다닌 적이 없고, 당시에도 그랬다. 나는 가슴이 두근거렸다. 그럼 창의성 검사에서 가장 높게 나온 아이가 승우란 말인가?

날고 긴다는 이곳에서 우리 승우가 창의성 검사에서 최고가 나왔다고? 믿기지 않았다. 아닐 수도 있다는 생각에 침묵했다. 우선 어떤 형태의 검사인지가 궁금했다.

:: 정말 승우가 맞았다

잠시 후 담임교사 면담에서 확인할 수 있었다. 정말 승우가 맞았다. 이건 내게 중대 사건이었다. 승우임을 재확인했다.

'창의성 검사'의 형식은 이랬다. 주관식이다. A4용지에 20개 정도의 칸이 쳐져 있다. 그곳에 자기 마음껏 빈칸을 메꾸는 문제였다. 정해진 시간 안에 해야 했다. 승우에게는 식은 죽 먹기였다. 맨 날 그 놀이를 해왔던 거 아닌가? 다른 아이들이 대여섯 가지씩 학습하며 지칠 때 승우는 스스로 즐겁게 논 결과였다.

대부분 아이들은 7~8개 정도의 칸을 메웠을 뿐이라고 했다. 창의 지수가 높은 아이일수록 20칸을 채우는데 큰 어려움이 없다고 했다. 승우는 심지어 칸 밖까지 답안을 작성했다며 칭찬했다. 확장적 사고 의 범주였다.

그 테스트를 통해 아이의 사고가 충분히 확장되어 있는지, 혹은 축소된 상태인지, 그리고 창의력은 어느 정도인지 판단할 수 있다고 했다. 그간 스스로 학습이 이뤄낸 결과인가? 그려대고, 조립하고, 잘 라내고, 덧붙이고, 책과 소일하며 얻은 공적이었나? 갖은 생각들이 머릿속에 떠올랐다.

:: 승우가 한 것이라곤

그간 승우가 한 것이라곤 즐거움에 빠져 논 일 뿐이었다. 연필을 잡기 시작하면서부터 그려댄 스케치북이 수 십 권이다. 조악한 로봇 조립품이 자루로 몇 개가 나왔다.

거리를 걷거나 산에 올라가거나, 책을 통째로 외울 때까지 즐겨 보는 등 승우에게 다양한 경험을 주었다고 새삼 자부하게 되었다. 약간의 결실을 본 것 같은 기분이었다.

절망의 애벌레
나방 되다

:: 등 하원 버스 통학, 즐겁고 유익한 대화

승우를 유치원에 등 퇴원시키는 데 왕복 두 시간 여 걸렸다. 버스로 오가는 시간에 여러 얘기를 할 수 있었다. 대화의 시간이었다. 차창 밖은 세상을 내다보는 창이었다. 사람과 사물을 접하는 승우 눈빛은 늘 반짝거렸다.

등 퇴원 길이 여행길이었다. 승우가 태어나 그렇게 많은 사람과 사물을 본 적이 있던가? 세상을 이해하는 첫걸음이었다. 거리의 청소부, 운전기사, 직장인, 학생들, 길가의 상점들, 교통 순경, 파출소, 시장, 슈퍼마켓, 장수 등이다. 체험의 현장이고 삶의 북적임이었다. 소득이 컸다.

나는 사람을 좋아한다. 어려서 시골 초등학교 건너편에 시장이 섰다. 5일 장이었다. 시장 안에 사는 친구 집에서 놀다가 시장을 휘 둘러보고 집으로 향하곤 했다. 불과 8~9살 때였다. 나는 시장에서 각종 가게와 주인들을 보았다.

울고, 웃고, 싸우고, 물건 팔고, 사는 모습에서 인생을 배웠다. 그때 다 배웠다. 시장이 나의 8할을 키웠다 해도 과언이 아니다. 게다가 방학 때면 할아버지나 외할머니를 따라 친척집을 많이도 다녔다. 여러 친구 집에 색다른 분위기를 맛보는 걸 즐겼다. 내 아이에게도 그런 방식의 체험이 필요하다고 은연중에 생각했나 보다.

자연스러운 세상살이 모습을 승우가 직접 볼 수 있다는 게 참 좋았다. 장거리 통학이 기회였다. 일부러 하려 해도 1년을 매일같이 실천하기는 어려울 것이다. 7살의 1년은 아주 귀한 경험의 시간이 되었다. 서로 교감하고 대화하는 가운데 아이는 영글어 갔다.

승우는 버스 통학하며 눈에 보이는 대로 수없이 물었다. 버스 여행이 문답의 시간이었다. 만약 집안 일을 할 때 아이가 뭘 묻는다면 그리 성의껏 대답해 줄 수 있었을까? 청소부 아저씨는 집이 어딘가? 길거리 아주머니는 왜 저기서 바나나를 파는지?

엠브란스가 지나가면 거기 누가 탔나? 등등 보는 족족 의문 투성이었다. 1년의 버스 여행이 서로에게 많은 자극을 주었다. 행운의 시간이었다.

말로 흥하고 말로 망한다

세계를 재패할 사람으로 만들고 싶으면 세상을 빛낼 OO라고 말해 주자. 되든 안 되든 말이다 만약 우주를 지배할 누구라면 왜 그렇게 말해 주지 못하나? 말로 흥하고 말로 망하는데도 머뭇거릴 것인가?

희망적이고 의욕이 샘솟는 말을 하자. 힘이 솟는 말은 타인뿐만 아니라, 자신에게도 긍정의 힘을 갖게 한다. 얼마나 중요한가?

습관의
파란 신호등

'어려서 나쁜 것에 습관이 되면 커서 가르칠 수 없으니, 이것이 모두 어머니의 허물이다.'

-한원진(조선시대 학자)

:: 3대 7법칙

일상 생활 자체가 교육의 장이다. 일상을 반복 훈련하면 습관이 된다. 칭찬과 격려로 자긍심을 갖게 하자. 생활 교육은 일상에서 얼마든지 가능하다.

현재의 부모들은 더욱이나 3대 7법칙을 잘 활용하면 좋겠다. 3대 7법칙이란 30%는 부모 본인을 위해 활용하는 비중이다. 나머지 70%는 자식을 위한 비중을 일컫는다. 70% 속에는 자녀의 뒷바라지와 의논해 주기가 속한다. 그 길이 곧 상생의 길이다. 자녀를 이끌려 하면 월권이다. 밀어주는 부모가 되면 족하다.

또 다르게 적용하면 3대 7법칙이란 아이에게 30% 힘을 기울이고 나머지 70%는 스스로 하도록 기회를 주라는 뜻이기도 하다. 경험을 통해 자신을 인식하고 깨달으며 자신 있게 사는 게 질 높은 삶을 영위할 수 있기 때문이다.

일상 생활 속에서도 학습할 것은 많다. 요리하는 것이나, 올바르게 자신의 주변을 정돈하는 일 등 기본적인 것들이 그것이다. 생활 하나하나가 배움의 기회이고 자신감의 원천이 된다.

"안락한 생활을 추구하는 성향만큼 인간에게 불행한 것은 없다. 그러므로 어릴 때부터 어린이에게 일하는 것을 가르치는 것은 매우 중요한 교육이다."라고 칸트는 말했다.

우리 사회는 앞으로 더욱더 양성 평등의 시대로 나아갈 것이다. 남자라고 회사 일에만 매진하고, 여성이라 해서 집안일에 신경 쓰던 생활상은 예전 일이 되어가고 있다. 현재는 육아, 살림, 장보기, 요리, 사회 생활 등등을 남녀 모두 공유하고 분담한다.

양성화 시대에 걸맞는 사람이 될 수 있도록 일상 생활에서 응당 접하는 일들에 대해 자녀가 하나씩 차근차근 배워갈 수 있도록 배려해야 한다. 아들, 딸 구분 없이 말이다.

:: 생활 바보 탈출

최근 언젠가 신문에서 생활 바보라는 기사를 보았다. 한 초등학교 선생님이 여름방학 숙제로 내준 과제는 이랬다. 밥 짓기, 청소하기, 등 일상을 경험하게 했다. 생활 바보란 지식과 상관없이 실생활의 무자격자를 일컫는다.

예를 들면 아이들이 초등학교에 입학하면 우유를 먹는다. 그 우유 팩을 따지 못해 우유를 마시지 못한다든가, 컵라면을 먹는데 나무젓

가락을 쪼개지 못해 라면을 먹지 못하는 사례 등이다.

　신혼 때 일이 기억난다. 아직 아이를 갖지 않은 때였다. 시댁에 일이 있어 고속버스를 타고 혼자 다녀오는 참이었다. 옆 좌석에 새하얀 수염과 머리칼을 가진 할아버지와 동석했다. 그분이 내게 자녀가 있느냐고 물으셨다. 나는 아직 없다고 대답했다. 그 할아버지께서 당신이 한 가지만 내게 꼭 충고하겠다고 했다.

　"만약 아들을 두면 요리를 한 두 가지 꼭 가르치고, 딸이면 운전을 가르치세요. 왜냐면 서로 바쁜 세상이 올 텐데 자기 아내를 기다리며 밥을 굶는 남자가 되지 않기 위해서고, 아내는 남편만 기대지 말고 자기 손발로 운전해 어디든 다니라는 뜻에서 말하는 겁니다."라고 말씀하셨다.

　그게 30여 년 전 일이다. 그 할아버지는 미래를 예견하신 분이었다. 내 일생에 가장 오래도록 남는 말이었다.

　어려서의 노동이란 부모와 즐기며 하는 놀이다. 밥 차릴 때 수저를 놓게 한다든지, 함께 청소를 한 후 쓰레기통을 비우게 한다. 아이의 행동에 기쁨을 표시하면 아이는 더 재밌게 할 수 있다. 자기가 뭔가를 해냈다는 즐거움은 평생 힘이 된다.

　어린아이들도 어른이 하는 것을 흉내 내고 싶어 한다. 단지 기회를 주지 않을 뿐이다. 실생활에서 얻는 교육이 진짜 교육이다.

⑤
미아
소동

:: 행방불명

　승우가 새 유치원에 다니던 7살 어느 날, 미아 사건이 벌어졌다. 6월이었다. 당시 매일 아침저녁으로 승우와 함께 유치원을 오갔다. 그 날은 마침 일이 생겨 승우가 끝날 때 데려오질 못할 형편이 됐다. 고민 끝에 승우 이모 집이 생각났다.

　이모 집은 낙성대 근처였다. 그래서 승우에게 미리 양해를 구했다. "유치원 끝나면 오늘만 네가 혼자 오는 거다! 이모 집으로." 유치원에 들여 보내며 다시 한 번 각인시켰다. 승우는 선선히 그러겠다고 했다. 다행이었다.

　유치원에서 이모 집까지는 대여섯 정거장 거리였다. 평소에 이모 집에 종종 들렀기에 승우도 어느 정도 길은 알고 있었다. 도착 시간쯤 정거장에 마중 나가겠다고 약속했다.

　그 정류장에는 '꽃'자가 크게 쓰인 간판이 있었다. 그 간판을 보고 내리면 이모 집을 찾을 수 있다고 일러두었다. 승우도 몇 번 봤던 간판이었다.

혹시 몰라 유치원 선생님한테도 전화를 걸어 부탁했다. 나는 일을 보면서도 내내 마음이 불안했다. 승우가 혼자서 이모 집을 잘 찾아올 건지, 혹 무슨 일이라도 생길지, 걱정이 되었다.

승우가 올 때 쯤 시간을 맞춰 버스 정류장으로 마중 나갔다. 기다려도 승우가 오질 않았다. 점점 불안해졌다. 드디어 그 번호 버스가 왔다. 승우가 그 버스에 탔을 거라는 기대와 함께 하차하는 곳으로 달려갔다.

:: 졸며 버스에 실려 가는 승우를 보다

승우가 안 보였다. 다음 차로 오나? 하고 생각했다. 그러는 순간 떠나가는 버스에 앉아 있는 승우가 언뜻 눈에 들어왔다. 버스 운전석 바로 뒷좌석에서 잠든 채였다. 큰일이었다. 아이가 잠든 채로 자신이 가본 적도 없는 거리에서 눈을 뜬다면? 어설프게 내린다면 길을 잃을 것이 뻔했다.

내 심장이 그 몇 초 사이에 심하게 두근거렸다. 다급해진 나는 그 버스 꽁무니라도 쫓아가 붙잡으려 했으나 어림없었다. 허사였다. 택시도 오지 않았다. 엎친데 겹친 격이었다.

:: 뒤 버스 기사의 배려

내가 방방 뛰고 있는데 다행히 같은 번호 버스 한대가 뒤따라 정차했다. 구세주였다. 배차 간격이 매우 좁았다. 나는 급히 버스에 올랐다. 운전기사에게 사정 얘기를 했다. 숨이 가빴다.

그 버스 기사가 친절하게 일러 주었다. "이 다음 정거장이 사거리 우회전 코스거든요. 신호등에 걸릴 확률이 많아요." 봉천 사거리를 두고 하는 말이었다. 당신이 샛길로 가로지르면 그 버스를 충분히 따라 잡을 수 있을 거라고 했다. 너무나 고마워 눈물이 날 지경이었다.

기사는 내게 말해 준 대로 한껏 엑셀을 밟아 앞 버스를 따라 잡았다. 앞 버스가 마침 정류장에 정차해 있었다. 기사는 그 버스 앞에다 당신의 버스 꽁무니를 바짝 갖다 붙였다. 그렇게 하기까지 불과 2분도 채 안 걸린 시간이었다. 나는 기사의 성의에 감사 인사를 하고 승우가 졸던 그 버스에 급히 올랐다.

∷ 한 정거장 사이, 승우가 사라졌다

그런데 웬걸. 승우가 앉아 졸고 있던 자리에 아이가 없었다. 분명히 아까 그 버스가 맞았다. 다급해진 나는 기사한테 "기사님 뒤에 탔던 조그만 애 못 보셨나요?"라고 물었다. 기사는 못 봤다고 고개를 저었다.

"분명히 한 정거장 전에 저의 애가 기사님 바로 뒷좌석에 앉아 조는 걸 보고 이렇게 정신없이 쫓아 왔어요."라고 나는 전했다.

그렇거나 말거나 그 버스 기사는 다음 정거장을 향하려 했다. 나는 그 버스에서 내릴 수밖에 없었다. 분명히 승우가 여기서 내렸을 것이다. 근처 어딘가에서 승우가 헤매고 있을 거라는 생각이 들었다. 제정신이 아니었다. 당황해 혼자 울고 있을지 모를 승우를 생각하니 눈앞이 깜깜해졌다. 별별 상상으로 머리카락이 곤두섰다.

우선 정신을 가다듬고 주변을 둘러보았다. 승우 모습은 전혀 보이지 않았다. 분명히 멀리 가지는 못할 시간인데 어디로 갔단 말인가? 갑자기 불길한 예감이 엄습해 왔다.

나는 큰 소리로 승우 이름을 부르며 달리기 시작했다. 목이 메어 말이 나오지 않았다. 길가에서 옥수수와 떡 등을 파는 아주머니에게 물었다. "아주머니, 혹시 울며 지나가는 사내아이를 못 보셨어요?" 아주머니는 못 봤다고 고개를 저었다.

:: 파출소 신고

길 가던 중년 남자분이 딱한 듯 내게 말했다. "아주머니 그러지 말고 우선 파출소에 신고부터 하세요. 그 길이 제일 빨라요." 나는 파출소에 가 미아 신고를 접수했다. 인상착의와 이름, 나이, 연락처, 잃은 장소와 때 등을 묻고 답하는데 한 십여 분이 족히 걸렸다.

한시가 바빴다. 나는 서둘러 파출소를 빠져 나왔다. 혹 납치당했을 지도 모른다는 생각에 이르자, 거의 실신 지경에 이르렀다. 아이를 잃어버린 부모들의 심정이 이런 거구나 라고 절절히 느꼈다. 뭐든 자기가 당하지 않으면 그 고통을 잘 모른다.

:: 반전

그땐 스마트폰도 없던 시절이었다. 대신 공중전화를 이용했다. 공중전화로 승우 이모 집에 우선 전화했다. 나는 다짜고짜 동생에게 말을 전했다. "승우를 잃어버려서 경찰서에 신고했으니, 혹 그곳에서 연락 오면 잘 받으라고..." 그랬더니 승우 이모는 지금 막 승우가 집에 도착했는데 무슨 소리냐며 반문했다. 이럴 수가! 승우는 어떠냐고 물으니 괜찮다고 했다.

이건 무슨 반전인가. 나는 부랴부랴 동생 집으로 향했다. 살면서 이런 황당한 경우가 있을까? 우선 승우를 품에 꽉 껴안았다. 몇 십 분의 이별이 생이별처럼 길게 느껴졌다. 천당과 지옥을 넘나든 것 같았다.

:: 자초지종

자초지종을 승우에게 물었다. 졸다가 정류장을 지나쳤다고 했다. 그 버스를 타고서 줄곧 '꽃' 간판만 생각했는데, 깜빡 잠이 들었다고 했다. 졸면서도 무의식중에 내려야 한다는 생각에 잠이 벌떡 깨었다 한다. 뒤돌아보니 내릴 장소인 그 '꽃' 간판이 어렴풋이 보였다고 했다. 승우 생각에도 자기가 내릴 장소를 지나쳤다고 심삭했다고 한다.

정류장 중간에서 내려주고 시치미

승우가 운전기사 아저씨한테 울며 내려달라고 했더니, 다음 버스 정류장에 도착하기 전에 중간에서 내려줬다고 했다. 버스에서 내려 그 길을 따라 거슬러 내려오면 되겠구나 생각하고 이모 집에 달려왔다고 했다. 그 사이 난 거의 패닉 상태로 거리를 헤매고 다녔다.

문득 의문이 들었다. 버스 기사는 승우를 내려주고 불과 1~2분 후에 나를 만났다. 다른 버스일리는 없었다. 승우가 탄 버스를 놓치고 바로 이어 들어오는 버스를 타고 불과 몇 분만에 앞에 가던 버스를 따라잡은 터였다.

승우를 태웠던 기사는 승우가 있었는지 여부를 묻는 질문에 '모른다'라고 말했다. 아이가 울며불며 중간에 내려달라고 한 일이 불과 1~2분 지났을 때였다. 기억하지 못할 리가 없다. 그 기사가 거짓말을 한 것이라는 생각이 들었다.

버스기사, 거짓말 왜?

버스기사는 왜 거짓말을 했을까. 우선 버스기사의 말과 승우의 말이 다르다. 의문점은 또 있다. 그 버스에 동석했던 사람들은 위급하게 호소하던 내게 왜 아무 말도 해주지 않았을까? 경황이 없던 때라 그 버스 안에 승객이 몇 명이나 있었는지 기억이 잘 나지는 않는다. 많지는 않았던 걸로 기억한다.

당시에도 정류장이 아닌 곳에서 승객을 내려주는 일은 불법이었다. 하지만 애가 떼를 쓰니 어쩔 수 없이 내려줬을 것이다. 그 행동을 비난하려는 것은 아니다. 적어도 나에게 사실을 말해줬더라면 애가 납치당했을 거라는 둥 온갖 상상을 하며 불안에 떨지 않았을 것이다.

어쩌면 기사는 순간적으로 자신의 행동으로 인해 그 아이가 행방불명됐을지도 모른다는 불길한 생각을 했을지도 모른다. 그저 내 추측일 뿐이다.

∷ 기살 승우, 대처법

마음을 조금 진정한 후, 승우에게 어떤 일이 있었던 것인지 물었다. 꽤나 놀라웠다.

잠에서 깼을 때 승우는 창밖으로 주변을 확인했다. 자신이 익숙하게 지나던 길들이 아니었다. 틈만 나면 길거리 간판에 대해 질문을 해왔었다. 생전 처음 보는 거리 풍경이 눈에 들어왔다. 그때 자신이 내릴 정류장을 지나쳤다는 것을 눈치챘다.

버스에서 내린 후 승우는 버스가 출발하는 방향을 확인하고 그 반대 방향으로 뛰었다. 자신도 모르게 눈물이 났다고 했다. 엉엉 울면서 그 작은 몸집으로 쏜살같이 반대 방향으로 뛰었다.

한참을 그렇게 뛰자 자신이 이정표로 삼았던 커다란 '꽃'자 간판이 멀찍이 보였다고 했다. 겨우 안심을 하기 시작했다. 꽃 간판까지 오자 주변 풍경이 익숙한, 이모네 주변 거리들이 눈에 들어왔다. 그 다음부터는 당황하지 않고 이모네 집까지 잘 찾아올 수 있었다고 한다.

승우가 나보다 나았다. 그런 대처 능력이 어디서 나왔단 말인가? 어려도 자기 나름의 판단력으로 행동한다는 사실을 그때 알았다. 그 몇 분 사이에 성인인 내가 그 정류장 사이를 미친 듯 뛰어다닌 동안 이미 승우는 이모네 집에 도착했던 것이다. 정말 쏜살같이 달려갔었나 보다.

위험에 처했을 때 우리는 어떻게 행동하는가? 어리지만 당황하지 않고 자신이 목표했던 지점까지 달려가도록 했던 원동력은 무엇이었을까? 그간 혼자 하도록 훈련했던 결과인지도 모른다.

늘 엄마가 아이와 함께 하리라는 보장은 없다. 그것을 대비해 아이 혼자 독립적으로 대처할 수 있는 환경을 자주 조성해 주는 것이 좋다. 그럴 때 부모는 한 발짝 뒤에서 아이를 지켜보고 응원해 줄 수 있는 여유가 필요하다.

어려서의 직접 경험은 오래 기억된다고 한다. 사태 적응 능력은 경험에 따라 비례한다. 실수도 경험이다. 아이는 실수를 통해 성장한다. 실수를 두려워하지 말아야 한다.

스스로 학습,
느림보 교육

:: 몰입

　승우가 자라면서 차츰 조립하고 그리기를 즐겼다. 스케치북에는 놀이터, 로봇, 엄마, 아빠의 모습 등등이 그려졌다. 몇 시간이고 몰입했다.

　승우가 스케치북에 그린 놀이터 그림은 퍽 인상적이었다. 그림 속에 온갖 놀이 기구와 아이들의 뛰노는 갖은 동작이 꽉 들어차 있었다. 누구의 도움도 없이 승우 스스로 그리곤 했다.

　나름 그 성과를 진단했다. 그림을 거실 벽에 걸었다. 부모로서 승우의 결과물에 대해 한껏 감동하고 있으며, 기특해 하고 있다는 마음을 전하고 싶었다. 그림이 걸리는 높이 역시 일부러 승우 눈높이에 맞췄다. 승우는 자신의 그림을 보며 흐뭇해 했다.

　'흥미는 학습의 원동력이다. 아이들은 어떤 활동을 처음 시작할 때 그것을 매우 집중하는데 이유는 간단하다. 선생님과 부모님께 인정받고 싶어서다. 만약에 아이가 무언가에 흥미를 느끼고 적극적으로 학습한다면 절반의 성공을 거둔 것이나 마찬가지이다.'

〈부모대학, 추이화팡, 리원 45쪽〉

흥미로운 것에 빠지는 게 당연하다. 어른도 자기가 좋아하면 날 밤 새는 줄 모르고 집중한다. 자기가 재밌어 하는 것에는 질리지도 않는다. 누구든 특기를 하나씩은 가지고 있다. 아이의 흥미가 무엇인지 주의 깊게 살피자. 강점을 살리면 아이는 성큼성큼 나아간다.

:: 스스로 하는 일, 느리나 탄탄

아이가 누구의 도움도 받지 않고 스스로 하는 일은 어른 입장에서 보면 한없이 그 속도가 느리기 마련이다. 하지만 그렇게 차곡차곡 몇 년이 쌓이면 아이 수준에서 결코 적지 않은 내공이 쌓인다. 느림보 학습이지만 기반이 탄탄하다.

승우 역시 첫걸음은 느렸다. 하지만 승우는 하루를 통째로 자신이 즐기는 그리기, 만들고 조립하기, 읽고, 쓰기에 투자했다. 그렇게 몇 년이 흐르고 있었다. 정말 긴 시간을 몰두했다. 스스로 학습은 느리지만 강하다는 사실을 알았다.

타인이 이끌어주는 학습은 그 성과가 즉시 눈에 보이는 경우도 많다. 어른의 방식대로 빠른 템포로 아이를 이끌기 때문이다. 그에 비해 자발적으로 반복하는 행동을 통해 배우는 과정은 그 속도에 있어 상대적으로 느리지만 튼튼한 알맹이가 그 자리를 확고히 한다.

나중에 오히려 가속도가 붙으며 더 빠른 성과를 나타낸다. 아이가 즐겨 하는 특기에 대해 지켜보고 응원해 주되, 조급해 하며 섣불리 영양제를 투입하지 말자. 아이의 속도를 인정해 주고, 정도에 있어

체하지 않도록 보듬어 주어야 한다.

"아이를 교육시킬 땐 맨 먼저 성격에 따르는 특징을 고려해야 한다. 특히 학습에 대한 흥미를 키워줄 땐 결코 강제로 공부를 시키거나 간섭해서는 안 된다. 또한 자유롭게 놀 때도 방해하거나 간섭해서는 안 된다." 중국의 번역가이며 문예평론가인 푸레이가 자녀교육관에 대해 말한 내용이다.

:: **끝내는 엄마** ··· 아이 의욕을 Down 시키는 엄마

 일관성 없는 부모 때문에 아이가 혼란을 겪는다. 일관성 없는 부모의 아이는 적절한 행동 양식을 배우지 못한다. 평소 사랑의 교류가 약했기에 심하게 꾸지람을 받을 때 자신을 미워한다고 생각하며 억하심정을 갖는다. 지식의 터득과 학습적인 측면만 강조한다. 기본 인성 교육에 대해서 학교에서 배우리라 믿는다. 아이가 조금이라도 힘들까 봐 안쓰러워한다. 힘든 경험에 노출시키려 하지 않는다. 나중에 크면 자연히 잘 되리라 상상한다. 아이가 몰입할 수 없도록 방해한다. 부모의 주문이 많고 간섭함으로써 간섭이 없으면 아이는 무엇을 할지 모른다. 타율적 지시에 익숙하게 만든다. 어린 시절부터 타 기관에 맡김으로써 소임을 다했다고 생각한다. 아이가 가정에서 부모와 함께 할 수 있는 시간을 빼앗기게 한다. 아이 대신 뭐든 해주니 생활 바보를 양산시킨다. 3:7법칙은 무용지물이다. 오직 아이한테 올인한다.

Point

:: **끝내주는 엄마** ···· 아이 의욕을 Up 시키는 Upmom

일관성 있는 부모의 아이는 행동을 스스로 예견해 조절할 수 있다. 일관된 언행을 부모가 몸소 실천한다. 평소 축적된 교감으로 아이를 심하게 혼내도 억하심정을 갖지 않는다. 부모의 가르침은 진솔한 사랑이라 여긴다. 선악과 시시비비를 구분하는 도덕이 몸에 배도록 힘쓴다. 부모가 공공예절과 도덕에 대해 훈육한다. 평상시 힘든 일을 견딜 수 있도록 강한 정신력을 기른다. 연습에 의해 가능해짐을 믿고 실천한다. 창의적인 아이로 키우기 위해 늘 고민한다. 즐거움에 빠져 놀게 한 일이 창의성 검사에서도 두각을 나타낸다. 스스로 학습으로 조립하고, 그리고, 맞추고, 읽는 등 일련의 과정에서 얻은 결과라 추측한다. 즉 반복 학습과 좋아하는 것이 강화되면 바로 몰입으로 연결된다. 3:7법칙 활용. 생활 바보가 되지 않게 일상교육한다. 원거리 통학은 대화 시간, 미아 사건은 역경을 이길 총연습이었다. 스스로 학습은 느리지만 탄탄하다.

Chapter

역경은 사람을 부유하게 하지는 않으나
지혜롭게 한다.

- 풀러 -

7

하늘은
스스로 돕는 자를
돕는다

❶ 관심사
이해가 우선

:: 공부 외 취미

   승우가 중학생이 되었다. 공부에 집중하지 않았다. 성적이 떨어졌다. 사춘기일까? 걱정이 되었다. 하루는 중1 학부모 총회가 있어 학교에 갔다. 담임선생님을 만났다. 승우가 조회, 종례 시간에도 주목하지 않고 딴 짓을 한다고 했다. 책상 밑에다 노트를 놓고 뭔가를 쓰다가 걸려서 그것을 갖고 나오라 했단다.

   그 노트에는 무언가 빼곡히 쓰여 있었다고 했다. 대충 훑어보니 소설 같기도 하고, 만화 같기도 해 이게 뭐냐고 물었더니 '게임 북'이라고 했다. 하도 공들여 쓴 노트로 보여 섣불리 압수할 용기가 나지 않았다고 했다.

   선생님이 다른 학생과 면담하다 우연히 승우의 노트 얘기가 나왔단다. 승우가 쓴 게 재미있어 반 전체에 유행처럼 번졌다 한다. 그 아이도 종종 빌려서 본다고 했다. 자기도 그걸 해보려 해도 잘 되지 않는다 했다고 나에게 전하셨다.

   난 그 시절의 아이는 응당 공부에 매진해야 한다고 생각하던 전형적인 엄마였다. 도대체 그 노트에 뭐가 쓰여 있기에 승우의 정신이 온통 그것에 팔려 있나 궁금한 마음에 하루는 승우에게 그 노트를 한 번 보여 달라고 했다.

승우는 선뜻 보여주었다. 아마 엄마도 자신이 하는 작업에 관심을 보이기 시작한 걸까 하고 기대했었나 보다. 책을 쓸 여건이 안 되서 그렇지, 노트이긴 하지만 이건 한 권의 책이라고 했다. 잠시 앉아서 내용을 훑어봤다.

글과 함께 중간 중간 그림도 많이 들어 있었다. 자신이 직접 그리거나, 친구들이 그린 그림도 있다고 했다. 서양 중세 시대가 배경인 이야기였다. 다만 일반 소설과 다른 점은 문단 중간 중간에 읽는 이로 하여금 '선택'하게 꾸몄다. 쉽게 말하자면 이런 식이다.

"민영이는 오늘 아침에 눈을 뜨긴 했지만, 몸이 좋지 않아 온몸이 찌뿌둥하다."

➡ 오늘은 회사에 휴가내고 쉰다. ➡ 19쪽으로.

➡ 회사를 쉴 순 없다. 얼른 출근하자. ➡ 22쪽으로.

읽는 이가 선택 페이지로 가면 선택한 내용대로 이야기가 전개되는 식이었다. 휴가를 낸다를 선택했다면, 주인공이 느즈막이 일어나 늦은 점심을 먹는다. 때마침 친구로부터 같이 놀러 가자는 연락이 온다. 회사에 있었으면 수락 못했을 일이다. 주인공은 친구를 만나 놀이공원에 가서 신나게 논다.

그렇다면 회사를 정상적으로 출근했을 땐 어땠을까? 마침 그날따라 사장님이 사무실을 한 바퀴 돌았다. 열심히 일하는 주인공의 어깨를 두드리며 격려해 준다. 이런 식이다. 읽는 이의 선택에 따라 달라지는 스토리였다. 작가가 잘 구성해 놓은 한편의 완결된 이야기를 즐기는 방식보다는 좀 더 능동적이라는 생각이 들었다.

승우는 옆에서 자랑을 늘어놓기 바빴다. 자기 반 친구들이 꽤나 이 책 읽는 것을 좋아한다고 했다. 읽은 친구들에게 그 노트 앞장에 사인을 받았다 한다. 정말 아이들의 아기자기한 사인이 빼곡했다. 족히 20개는 넘어 보였다. 그럼 승우네 반의 절반이 이 노트를 본다는 얘긴데, 아이가 괜히 이 일에 열중하는 게 아니구나 싶었다.

친구들이 쉬는 시간마다 승우 자리에 와서 스토리가 더 나온 게 없는지 물어보니 그에 맞춰 더 이야기 쓰기에 바빴던 거다. 공부가 주가 아니라 노트에 이야기를 써내려 가는 게 주된 일상이 된 것이다. 문득 이런 게 특기가 될 수도 있지 않을까 라는 생각이 들었다. 나도 그 노트를 압수할 용기가 안 났다.

그런 생각도 잠시였다. 중학생 부모라는 책임감이 내게 무겁게 다가왔다. 그때는 공부를 잘 하도록 이끌어주는 게 내 나이대 부모의 최고 역할인 줄만 알았다. 그것이 엄마의 책임을 다하는 일이라 여기고 있었다.

:: 난생 처음 간 보습학원, 꽝

공부에 소홀해지는 게 부모의 잘못인가라는 자책이 들었다. 초등학생 때만 해도 시험을 보면 몇 개 틀린 적이 없는 아이였다. 지금 와 생각해 보면 꽤나 근거 없는 믿음이었다. 초등학생 때 시험 백점 못 받아 본 사람 없다는 우스갯소리도 있다. 하지만 그때 나는 내 아이가 우등생이라고 굳게 믿고 있었다.

하지만 현실은 달랐다. 승우의 중학교 성적은 중위권에서 맴돌았다. 엄마로서 무슨 처방을 내려야 할 것 같았다. 동네의 보습 학원을 알아보다가 어느 한 곳에 가기로 했다. 그렇게 한 달이 흘렀다. 학원에서는 승우를 어떻게 보고 있을까 궁금했다. 학원 선생님과 약속을 잡아 면담했다.

"승우가 생각보다 약간 학업 성취도가 떨어지는 것 같긴 해요" 공부를 열심히 하지 않는 학생이라고 했다. 수업 태도는 매우 바른데, 그만큼 성적이 나오지 않는단다. 승우의 노트가 생각났다. 수업 때도 그 생각만 하고 있는 건 아닐까? 걱정이 되었다.

승우를 얼러도 보고 혼도 냈다. 그때마다 승우는 별다른 저항 없이 "네 엄마 잘 할게요."라고 대답했다. 하지만 그 후에도 별로 달라지는 건 없었다. 반항이라도 하면 아 얘가 기가 세서 말을 안 듣는구나 하겠는데, 네네 대답은 잘하면서 정작 바뀌는 건 없으니 더 답답했다. 깊게 고민했다. 학원에 보내는 것으로는 해결될 일이 아니라는 결론에 도달했다. 얼마 지나지 않아 학원 보내는 것을 중단했다.

:: 아이에 대해 인정하기

가끔 또래 엄마들과의 모임에 나갔다. 꼭 빼놓지 않고 각자 아이들의 성적이나 학교 생활에 대한 얘기가 나왔다. 그 안에 있으면 나만 작아지는 기분이었다. 성적에 대해서는 내 아이에 대해 딱히 얘기할 게 없었다.

솔직히 말하면 승우가 공부 못하는 것을 인정하기 싫었다. 그것에 대해 집착하고 있었다. 내 욕심이 승우에게 서서히 주입되고 있었다. 경계해야 할 일이다. '부모 욕심이 자식을 망친다'는 얘기도 있다. 승우를 객관적으로 바라보고, 하나의 인격체로 존중할 수 있게 해달라고 매일 자신을 다잡았지만 쉽지 않았다.

:: 주특기 인정받지 못하다

우리나라도 이제 많이 바뀌었다. 다양한 특기를 가진 사람이 인정받고 사회에서 의미 있는 활동을 하고 있다. 하지만 여전히 '학생이라면 공부'라는 의식은 사람들의 머릿속에 은연중 자리 잡고 있다. 학생 때 공부 말고 다른 것을 하면 '특이한 아이'로 인식되기도 한다.

승우 아빠마저도 아이가 재미를 붙이고 하는 일에 대해 달갑게 보지 않았다. 집안에 그런 특기를 가진 사람이 없다는 둥, 멘토가 되어줄 사람도 없지 않냐는 둥 이유를 댔다. 그게 나중에 무슨 의미가 있겠느냐는 생각이었을 것이다.

그때의 승우는 자신의 부모에게도 선생님들에게도 별 인정을 받지 못하는 '유별난 아이'였다. 무언가를 열심히 하긴 하는데, 공부와는 전혀 상관이 없는 일이니 말이다. 그때 자신을 인정해 주는 사람은 반 친구들 뿐이었다.

승우의 노트를 보며 재밌다고 해주고, 언제 더 써주느냐고 물어보곤 했으니 말이다. 정작 어른이 그러한 든든한 지원군이 되어 줬어야 했는데, 되짚어 보면 내 과오가 컸다.

:: 중1말 겨울 방학, 특단의 조치

그렇게 시간이 흘러 중1 겨울방학이 되었다. 그때의 나는 중학교 고학년이 되기 전에 승우가 공부에 흥미를 붙여야 한다고 생각하고 있었다. 특기도 특기지만, 결국 공부를 시켜야 한다는 믿음이 이를 눌렀던 것이다.

도통 승우가 공부에 집중하지 못하니 뭔가 특단의 조치가 필요하다고 생각했다. 그러던 중 신문의 한 광고가 눈에 들어왔다. 기숙학원 광고였다. 학원에 기숙사가 있어 숙식을 해결하며 낮 동안 계속 공부와 자습을 병행하는 프로그램이었다.

그곳에 전화해 보니 1대 1 관리하며 공부와 함께 정신 교육도 시킨다는 등 그럴듯하게 홍보했다. 물에 빠진 사람 지푸라기라도 잡는 심정이었던 나에게 꽤나 혹할 만한 얘기였다.

승우의 의사를 물었다. 조금 망설이더니 알겠다고 했다. 그들이 말하는 정신 훈련이라는 것이 뭔지 감은 잘 잡히지 않았지만, 이를 계기로 승우가 공부에 재미를 붙였으면 했다.

기숙학원 원장에게 재차 부탁했다. 승우가 노트에 공부와는 상관없는 소설 같은 걸 쓰는 것에 빠져 있으니 특별히 신경 써 달라고 얘기 했다.

그들은 자기네들만의 노하우가 있다고 했다. 아이가 공부를 열심히 하도록 유도하겠다고 다짐했다. "그래도 몰래 하면 어쩌려고요?"라고 물으니 답은 간단했다. 자기네들이 눈뜨면서부터 잠들기까지 밀착 관리를 하기 때문에 학생들이 헛짓은 절대 못한다는 거다. 솔깃했다. 속는 셈 치고 보내기로 했다.

5~6권 게임북만 빼곡히

한 달이 지난 후 승우가 퇴소했다. 자, 승우는 어떻게 변했을까? 공부를 열심히 하게 되었을까? 어떤 성과가 있었을까? 나는 기대에 부풀어 있었다. 하지만 승우가 들고 온 책가방에는 더 늘어난 게임 노트만 빼곡히 들어 있었다.

얼추 봐도 5~6권은 될 듯했다. 어마어마한 집중력으로 쓰지 않으면 한 달 동안 그렇게 노트를 채울 수는 없었을 것이다. 한편으로는 참 대단하다 싶으면서도 적지 않은 실망감도 들었다.

거기에 시간 투자를 많이 했으니 공부했을 리 만무했다. 학원에서 그토록 강조하던 정신 교육 역시 별 다른 효과가 있었을까 싶었다.

그렇게 내 계획은 보기 좋게 물거품이 됐다.

난 전혀 그런 의도가 아니었지만, 승우는 그곳에서 완전히 자신의 창작 세계로 빠져 들었다. 눈치볼 부모도 없으니 마음 편히 글을 쓰고, 그림을 그릴 수 있었을 것이다. 그때는 승우의 행동이 야속했다. 그러나 지금 생각하면 얼마나 귀중한 시간이었나 싶다.

잔소리 대신 불편을 선물

나는 잔소리를 되도록 하지 않는다. 다만, 자신의 행동 결과에 대해 아이가 스스로 체험하도록 한다. 아이가 불편하거나 좋지 않은 경험을 직접 겪고 나면, 다음 번에는 같은 일이 벌어지지 않도록 알아서 조심한다.

굳이 내가 일일이 잔소리할 필요가 없게 된다. 많은 부모들이 아이가 '나쁜 경험'을 하지 않도록 사전에 예방하려는 의미로 잔소리를 한다. 하지만 아이들이 긍정적이고 좋은 경험만 해서는 절대 크게 성장할 수 없다.

그런 아이들은 추후 시련이나 어려움이 닥쳐왔을 때 그대로 좌절할 확률이 상대적으로 높다. 그러한 경험이 적으니 그 대처 방법에 있어서도 서툴기 마련이다.

경험은 그 성질이 긍정적이건 부정적이건 간에 항상 옳다. 부모가 아이에게 해줄 것은 잔소리가 아니라, 다양한 경험을 풍족히 누릴 수 있도록 여러 방법과 길을 보여주는 것이다.

나는 승우와 화낼 필요가 없음을 알게 되었다. 승우가 크면서 점차 부모를 존경할 수 있는 관계가 되었다. 어려서 엄한 사랑을 주고, 클수록 허용하는 자세로 상호 간의 신뢰를 쌓았기 때문이다.

　아이가 어리다고 무시하고 어른 주장대로만 하다간 머잖아 부모도 그와 똑 같은 대우를 받을지도 모른다.

　어떤 사람은 대학생, 직장인인 자식에게도 잔소리를 지금껏 한다. 잔소리하면 듣는 게 아니라 귀를 아예 막는다. 잔소리하는 입만 아프다.

　아이는 음악을 듣는다든지, 게임하며 부모의 잔소리를 아예 차단해 버린다. 잔소리만 공중에 둥둥 떠다닐 뿐이다. 그런데도 부모는 아이에게 듣든지 말든지 상관없이 자신의 화를 독화살처럼 뿜어낸다. 둘 다 흥하는 길은 아니다.

목표와 동기가 문제다 ❷

∷ 중3, 담임 면담, "중학교까지는 실컷 노는 것도 괜찮아요."

중학교 졸업하는 날이었다. 그날 담임선생님을 뵈었다. 담임선생님이 유명한 모 만화가의 형이었다. 그분이 걱정하는 내게 하신 말씀이 아직도 생각난다.

"중학교까지는 실컷 노는 것도 괜찮아요. 아직도 시간이 많은데요. 남자 애들은 목표만 생기면 무섭게 합니다. 제자 중에도 그런 녀석들이 가끔 있어요. 걱정 마세요. 제 동생도 그랬어요. 승우가 착하고 쓸 만하니 걱정 마세요." 선생님의 말씀이 명쾌했다. 맞다. 걱정한다고 되는 일이 아니다.

중학교 내내 별 진전이 없었지만 무사히 사춘기를 지낸 것만으로 감사했다. 하지만 내면으로 혹독한 사춘기를 앓은 듯하다. 하고자 하는 글쓰기와 그림 그리기를 인정해 주지 않은 불만이 첫째였을 것이다. 학교에서도 집에서도 자신의 특기가 점점 사장되어 가고 있었다.

할 수 없었다. 나는 승우에게 기대했던 공부 욕심을 내려놓기로 했다. 안달한다고 될 일이 아니었다. 당사자의 마음이 동해야 하는 일이므로 기다리기로 했다.

미국에 사는 친구와 통화 중에 그녀는 내게 말했다. 미국의 경우 그런 특기가 있으면 학교에서도 넘버원으로 취급한다고 했다. 아이의 주특기를 인정해 주는 아량이 부러웠다.

:: 고교생 승우, 미술 전공 원해

승우가 고등학생이 된 후였다. 하루는 진로에 대해 심각하게 의논했다. 디자인을 전공하고 싶다고 했다. 꼬마 때부터 질리도록 그려온 스케치북 그림과, 승우 게임 노트에서의 삽화들이 생각났다. 하지만 승우 아빠도 말렸던 게 아닌가? 나는 둘째를 낳고 승우의 적성에 대해 더 확신했기에 지켜보는 쪽이었다.

둘째 늦둥이는 뭔가 그리는 걸 별로 좋아하지 않았다. 그때 알았다. 승우는 그림 그리는 걸 정말 좋아 했었구나 라고 재 확신에 이르렀다. 난 어릴 때 아이들은 누구나 다 승우처럼 하루 종일 뭔가를 그려대는 줄 알았었다.

그게 아니었다. 게다가 승우의 적성 검사를 보면 거의 예술계가 먼저 나왔다. 나는 두 가지 증거로 승우의 적성이 그쪽이라고 굳혔다. 승우 아빠를 설득하기 시작했다.

지일피일 미루나 고1 여름 방학 때, 농네에 모 화가가 운영하는 미술 학원에 잠깐 다녔다. 그곳은 입시 학원도 아닌 주로 초중등 생이 다니는 곳이었다. 그저 워밍업하는 차원으로 집에서 가까우니 다니기로 했다. 학업을 마친 후 실기를 하니 사실 시간이 부족했다.

미술학원이라고는 처음 가본 곳이라 아이에 대한 평가가 궁금했다. 디자인을 할 정도의 수준인지 아닌지가 의문이었다. 선생님은 그럭저럭 괜찮은 듯한 표정을 지으셨다. 어느새 세월이 흘러 고2 겨울 방학이 되었다. 입시가 코앞으로 다가왔다.

하루는 승우가 입시를 하기 위해서는 좀 더 큰 학원으로 가야 할 것 같다고 제안했다. 꽤나 신선했다. 입시에 별 관심이 없는 줄 알았다. 하지만 자신이 특기를 발휘할 수 있는 부분, 즐기면서 하는 일에 대한 관심사는 남달랐다. 그것이 그것이 디자인학부 입시에 대한 관심으로 이어졌다. 나는 승우와 마주 앉아 학원을 열심히 검색해 보기 시작했다.

입시 1년 전, 미술 하겠다는 무모함

그렇게 이런저런 학원들을 알아보다가 미술학원 한 곳을 결정하여 다니기 시작했다. 학원 원장님은 걱정을 많이 하셨다. 그렇게 늦은 시기에 디자인학부 입시를 하겠다고 찾아오는 아이는 없었기 때문이다.

준비가 안 되어도 너무 안 되었다. 주변에 물어보니 대부분 아이들은 초등학생 때부터 준비한다고 했다. 예중, 예고를 거쳐 대학교에 들어가는 것이 소위 말하는 '엘리트 코스'라고 했다. 그것에 비하면 승우는 첫 단추조차 꿰지 못한 풋내기였다. 수많은 아이들의 입시를 진행해 본 학원 원장님으로서는 답이 보이지 않았을 것이다.

그곳에는 이미 어려서부터 갈고 닦는 원생들만으로도 숫자가 많았다. 나는 승우를 믿었다. 승우도 그림을 그리기 시작한 건 서너 살 때부터였다, 경력으로 따지면 결코 뒤지지 않는다고 열심히 자기최면을 걸었다.

약해지고 싶지 않은 자기방어였다. 자신이 하고 싶어 하는 분야에 대해서 처음으로 맘껏 능력을 펼칠 수 있는 환경이 조성된 터였다. 승우가 그 여건에서 얼마만큼 잠재력을 보여줄 수 있는지가 관건이었다.

성장 컨셉 포트폴리오, 불가능을 뚫다

:: 동기부여, 무섭게 파고들다

승우는 학교 수업을 마치고 학원에 열심히 다녔다. 다른 아이들이 몇 년 한 것을 단숨에 하려니 지칠 법도 했다. 하지만 점점 갈수록 더 의욕적이었다. 오기가 생긴다고 했다. 자신과 동일한 특기를 가진 친구들과 경쟁하니 타오를 법도 했다.

정말 승우가 완전히 달라지고 있었다. 자신이 하고 싶어 하던 '예술'로 진검승부를 하고 있었다. 자신의 최고 특기 분야에서 만큼은 지고 싶지 않았을 것이다. 그런 쪽에서의 자존심이 유별났다.

목표가 생기니 학교 성적도 나날이 올라갔다. 입시에는 학업 성적도 중요하다는 것을 피부로 깨달았다. 결국 승우 스스로 느꼈다. 다른 친구들은 수업 시간에 거의 조는데 자기는 수업 태도가 좋다고 했다. 승우는 더 팔팔해졌다.

승우는 공부 체력이 남아돌고 있었다. 중학교 때 학원 몇 달 다녀본 것을 빼고는 공부를 강요했던 적이 없었다. 그때 아낀 체력을 지금 쏟고 있었다. 초등학교 때부터 계속된 공부로 지친 아이들보다 훨씬 낫겠지 싶었다. 반쯤 자포 자기 하는 심정으로 놀도록 한 것이

막판 뒷심으로 작용하고 있었다. 알다가도 모를 일이었다.

:: **수능 고사, 이면**

수능고사 치룬 날이었다. 승우는 집에 돌아와 정답을 맞히며 한껏 상기된 얼굴이었다. 꽤 우수한 성적이 나왔다. 그해 갑자기 어려워진 언어 영역에서도 1등급이었다. 그토록 공부하기를 원하고, 바랐던 중학교 시절에는 보여주지 않던 결과였다. 오히려 마음을 내려놓고 특기에 매진하도록 유도하니 다른 것들이 자연스레 따라왔다. 귀중한 경험이었다.

언어 영역은 수능의 첫 시작인 만큼 긴장도 많이 되는 과목이다. 그 해 출제된 언어 지문이 유달리 길다고 했다. 대부분 수험생이 독해에 어려움을 겪었고, 예상보다 높은 난이도에 기존 상위권 학생들의 어려움이 컸다고 했다.

승우도 시간이 모자랐다고 했다. 하지만 지문이 긴 것은 크게 문제가 되지 않았다고 했다. 글을 직접 쓰며 글의 구성 파악과 어휘력이 많이 늘었던 것도 이유일 것이다. 모의고사에서도 유독 언어 영역이 점수가 높았었다. 내가 그토록 막으려 했던 글쓰기가 이런 쪽으로 도움이 되고 있었다.

뒤늦게 후회가 밀려왔다. 내가 승우의 특기를 너무 무시했었구나. 공부가 그저 전부라고 생각하고 있었구나. 그때 좀 더 적극적으로 승우의 길을 빨리 찾아줬으면 어땠을까? 라는 생각들이 스쳤다.

승우의 성적이 상승하는 데 일조했던 것들은 공부 그 자체가 아니라, 오히려 아이가 열중했던 글 읽기와 쓰기에 있었다. 공부를 위한 공부가 아닌 승우가 재미있게 자발적으로 했던 일들과 공부 사이에 예상 외로 많은 접점이 있었다.

승우 아빠 쓰러지다

그 와중에 모 병원 응급실에서 급하게 연락이 왔다. 남편이 강의 중에 쓰러졌다고 했다. 119를 불러 병원에서 긴급히 수습했다고 한다. 심장 쪽 부정맥의 이상이었다. 다행히 빠른 조치로 시술을 받고 며칠 동안 입원했다. 만약 혼자 있을 때 그런 일을 당하면 급사라고 했다. 얼마나 다행인가!

성장 과정을 컨셉으로

수능 성적이 잘 나온 덕에 이른바 명문 대학교 디자인학부에 원서를 낼 수 있었다. 실기 평가가 2차례에 걸쳐 이뤄졌고, 마지막으로 면접이 기다리고 있었다.

승우는 면접 때 자신이 어려서부터 그렸던 그림들을 몽땅 들고 가겠다고 했다. 커다란 박스로 3~4개에 달했다. 그 무거운 것을 면접장까지 들고 가느라 무척 애를 썼다. 승우의 전공에 대한 열망이 고스란히 드러나는 자료였다.

면접관 교수님들이 박스를 들춰 보시고는 "어렸을 때부터 어마어마하게 그려댔네." 라고 하셨단다. 면접볼 때 그렇게 박스째로 들고 온 면접자는 없었다. 별 생각 없이 모아 두났던 승우의 추억들이 소중하게 빛을 발하고 있었다.

단지 승우의 그림을 버릴 수가 없어 모았다. 승우의 흔적일 뿐이었다. 늘 승우 자신이 스스로 자랑스럽게 여기길 바랐다. 그래서 어렸을 때부터 승우의 작품을 벽에 붙이곤 했다. 그것을 보석처럼 소중히 다뤘다. 성장의 발자국이기 때문이었다.

:: 친정어머니 영향

내 행위는 아마도 친정어머니한테 받은 영향이 클 것이다. 친정어머니는 무학이셨다. 내가 학교에서 상장을 받아오면 벽에 거시곤 했다. 그것도 하얀 액자를 사서 정성껏 걸었다. 어머니의 정성으로 종이쪽에 불과할 것이 칭찬의 상징물로 재탄생했다. 어머니는 앞에서 이끌어 주지는 못했지만 뒤에서 자식에 대한 잔잔한 신뢰를 보내준 멋진 분이었다.

나는 그로 인해 친척과 동네 사람들한테도 인정받았다. 지금도 그 자긍심으로 평생을 버티는지도 모른다. 부모가 아이의 자존감을 높일 줄 아는 섬세함은 학벌과 재산과는 별개다. 부모의 마음 자세에 달려 있다.

나는 그런 어머니를 좋아했고 존경했다. 그분은 정직했고 남에게 베풀 줄 알았다. 어머니는 낯선 사람에게도 열린 마음을 가졌다. 한 인삼장수 아주머니가 1년이면 한두 달씩 우리 집에서 숙식하곤 했다. 무료였다.

진솔한 사랑이 전달되면 관계는 조밀해진다. 어머니는 그래서 존귀하다. 아이를 망칠 수도 흥하게 할 수도 있는 조력자이기 때문이다. 과거의 낡은 지식으로 미래에 살 아이들을 이끌려고 하지 말자. 단지 뒤에서 용기와 힘을 주면 된다.

:: 서울대학교 디자인학부 차석으로 뽑히다

그렇게 면접까지 무사히 마쳤다. 발표일만 손꼽아 기다렸다. 이변이 일어났다. 승우가 그토록 원하던 디자인학부에 차석 합격의 영예를 안았다.

그해 그 대학교 입학처 담당교수의 '이번 입시의 변'을 읽은 기억이 난다. 퍽 인상적이었다. 내용은 대충 다음과 같았다.

"전국단위로 모인 모집인원이 실기 평가마다 어쩜 그리 똑 같이 그려냈는지 모른다. 70%가 똑 같거나 비슷했다. 학원에서 배운 대로의 전형적인 그림들이었다는 것이다. 70%는 다 버리고 30%만 건져 평가했다."고 했다.

독창성과 창의성을 보았다는 얘기다. 즉 학원에서 연습에 의해 만들어진 것을 사양하고 정말 자기만의 특색을 지닌 학생을 우대했다. 학원을 다닌 기간이 고작 1년여 밖에 되지 않았던 승우에게 오히려 기회가 되었다.

그렇게 해서 승우가 원하던 대학교, 원하는 과에 들어갔다. 어려서부터 근 20여년을 끊임없이 연마한 결과였다. 무엇보다 스스로 배우고 터득한 결정체였다. 너무도 소중한 기회였다. 그 감격은 인생의 전환점이 되었다.

::: 프레젠테이션

대학생활은 분주했다. 적성이 맞아 다행이었다. 1학년 때는 과대표도 맡았다. 남을 위해 봉사하는 기회였다. 앞으로 인생을 살려면 리더로서의 지혜와 역할도 필요하다. 승우는 실기 작업을 하느라 바빴다.

연거푸 다가오는 프레젠테이션과 시험으로 학교 작업실에서 날밤을 꼬박 세는 날도 가끔 있었다. 어느 것 하나 쉬운 게 없다. 중노동이었다. 그래도 자기가 좋아서 하는 일이니 물이 올랐다. 재미도 느끼고 심취할 수 있어 다행이었다.

수업 외에도 별도로 각종 영상물 공모전에서 다수의 상을 받곤 했다. 자신의 영역을 넓히는 역할에 힘썼다.

그래서 아이의 취미와 적성이 맞는 과를 정하는 게 무엇보다 중요하다고 생각한다.

갈망하면
이루어진다

∷ 그토록 끈질기게 매달린 게임 북

본인이 고집스럽게 매달리면 끝내 이뤄진다는 걸 알았다. 솔직히 중학생이 되자마자 승우가 빠져드는 자기만의 세계를 이해할 수가 없었다. 의당히 공부해야 함에도 불구하고 소위 딴짓거리하는 승우가 미우면서도 걱정이 되었다.

지금에 와서 생각하면 말도 안 되는 내 생각이었다. 어려서부터 그리기 시작한 자기만의 세상을 아예 포기하라는 말이었다. 어릴 때 실컷 잘 한다고 칭찬하며 리엑션을 해줄 때는 언제고, 공부를 우선시하니 승우로서도 이해가 가지 않았을 것이다.

그러는 동안 부모와 자식 관계는 싸한 찬바람이 일었고 말 잘 듣던 승우의 모습은 간 데 없고 구렁이처럼 스멀거렸다. 사춘기 반항의 표시였으리라. 나는 할 수 없이 마음을 정리했다. 더 이상 학업에 신경 쓰지 말자고 다짐하곤 했다. 그리고 차라리 땅바닥에 내려놓았다.

부모 마음이 어디 그런가? 어떤 경우든 포기할 수 없는 게 부모다. 슬그머니 승우의 태도를 살피곤 기회가 되살아나 부모가 바라는 마음으로 될까 관망하곤 했다. 아니었다. 승우는 점점 더 게임 북 개발에 열을 올리고 있었다.

그래 내가 졌다. 너의 길이 그렇다면 백번 가야지라며 승우를 이해하기 시작했다. 결국 승우는 자신의 길을 찾아 그렇게나 힘겹게 스스로 돌파구를 찾았다. 오히려 승우의 그런 정신을 높이 사야 함에도 불구하고 뒤늦게야 승우의 길을 가는 걸 바라보는 격이었다.

다른 사람들은 그 걸 전공시키기 위해 어려서부터 숱한 돈과 시간을 투자하며 전속학교에, 유학에 그 체계를 밟으며 정성을 들이는데 말이다. 어떤 이는 내게 묻곤 한다. "아이를 예술 시키려면 집한 채 값은 날아간다는 데 얼마 정도나 들었어요." 난 할 말이 없었다. 자기는 그게 안 돼 아이에게 예술은 생각조차 못한다고 했다.

그동안 내가 얼마나 어리석었나? 갑자기 자기 길을 간 승우에게 미안한 마음이 들었다. 그런 속에서도 승우는 꿋꿋이 마이 웨이를 했으니 참으로 엄마로서 미안함과 대견함이 교차했다. 인정받지 못하는 환경 속에서 일궈낸 그 힘이 그나마 위안이 된다.

그 힘은 어려서 함께 했던 숱한 경험과 인연들이 다 그 속에 녹아져 있다고 본다. 상처 입지 않고 굳세었던 힘도, 포기를 모르고 한계를 능가할 수 있었던 그 힘도 어찌 보면 다 주변의 은덕이었음을 새삼 느낀다.

한 사람이 있기까지 얼마나 많은 도움을 받는가? 건강, 친구, 가정, 학교, 사회, 국가, 어느 것 하나 영향을 미치지 않은 게 없다. 그래서 나는 승우한테 늘 말하는 게 있었다. 자기 혼자 잘나서 사는 사람은 없다고 말이다.

주변의 도모로 자신이 존재함을 깨달으면 좋겠다는 생각을 전하
곤 했다. 그래서 우리는 자기 일로 사회에 환원해 남에게 이로운 사
람이 되어야 한다는 말은 수 십 번도 더 들은 이야기일 것이다.

⑤ 급변하는 사회, 변화하는 직업

현재와 미래는 어떻게든 연결되어 있다. – 스티브 잡스

:: 우주시대

과거 부모 세대에는 공부만 잘하면 대학, 직장, 좋은 결혼으로 연결됐다. 이제 지식 기능을 요구하던 시대는 가고, 정서 지능과 창의 사고의 시대를 맞았다.

앞으로 세계화를 넘어 우주시대가 열리고 있다. 항공 기술의 발달로 머지않아 우주 여행할 시대가 올 것이다. 아이에게 꿈을 크게 갖도록 해야 한다. 인간은 무한한 가능성을 가진 존재이다. 소우주인 인간이 대우주를 꿈꿀 수 있으며 그 이상을 발휘할 수도 있다.

지금은 화성을 연구하고 최근 그곳에 소금물이 흐른다는 것을 발견했다. 몇 십 년 후, 화성에 가 식물을 재배해 먹을지도 모르는 세상이다. 우리가 2~30년 전에 받았던 낡은 교육으로 미래에 살 아이들을 가르치기에는 역부족이다. 의식의 전환이 필요하다.

단지 지금 학업 성적이 낮다고 아이의 싹을 자르면 안 된다. 당장

의 성과보다 2~30년 후를 내다보는 부모의 지혜가 필요하다. 나무만 보지 말고 숲을 보는 원대한 안목이 아이를 크게 만든다.

자식 키우기에서 조급증은 금물이다. 흔히 단기 성과가 모여 장기 성과로 이어진다고 생각한다. 그건 기계나 하는 일이다. 사람은 기계가 아니다. 인간은 자기의 처지나 입장이 시시각각 다르다. 어떨 때는 능률적이다가 어떤 때는 다운되는 경우가 허다하다. 생체 리듬상 그렇다.

아이가 맘먹기에 달렸다. 동기 부여가 되면 아이는 무섭게 도전한다. 부모는 한결같은 마음으로 아이를 지지해야 한다.

자기 의지가 강한 사람은 힘들어도 참고 견딘다. 타율에 의한 것은 금방 지치고 의욕도 시들어진다. 아이도 마찬가지다. 요즘은 부모가 아이의 스케줄을 짠다. 짜여진 틀대로 하지 않는다고 아이를 다그친다. 그럴수록 더 하기 싫어진다.

그런 아이와 실랑이를 하느라 부모도 지치고 괴롭다. 자식 기르기가 그 무엇보다 힘들어진다. 최근 언론 보도에 따르면 부모가 짜준 스케줄대로 움직인 아이들은 공부 이외 다른 것은 할 줄 모른다고 한다.

일상적으로 해야 할 일이 공부 때문에 밀려 응당 그 시기에 해야 하는 다른 중요한 경험들을 차단한다. 병 주고 약주는 꼴이다.

:: 블루 오션, 레드 오션

앞으로는 블루 오션이 점점 더 확대될 것이다. 남이 하지 않는 분야를 개척하는 곳에 길이 있다고 본다. 현재 존재하지 않거나 알려져 있지 않아 경쟁자가 없는 유망한 시장, 즉 틈새시장을 말한다. 남이 가지 않은 길은 불안하다. 용기와 담력이 자신을 기회의 땅으로 인도할 것이다.

기존 모든 산업인 레드 오션에 비해 블루 오션은 위험성 대신 수익성을 기대할 수 있다. 과감히 블루 오션으로 나아가야 한다. 그러려면 창의와 정서, 인내가 함께 하는 감성을 길러야 한다.

인내, 즉 참는 버릇에 관한 호야킴 데 포사다, 엘런 싱어의 마시멜로 이야기는 유명하다. 마시멜로 하나씩을 연구 집단 아이들에게 나눠 주었다. 그것을 먹지 않고 다음 간식 시간까지 기다리면 마시멜로 하나씩을 더 주기로 약속했다. 그 결과 아이들은 금방 먹은 아이와 먹지 않고 참은 그룹으로 분류됐다.

그들이 자란 후 조사했더니 다음과 같은 일이 벌어졌다. 참지 못하고 바로 먹은 아이들은 크게 성공하지 못한 반면, 참고 견딘 아이들은 성공 확률이 훨씬 더 높았다고 한다.

그러면 우리는 무엇을 위해 지금 마시멜로를 먹지 않고 참고 있는가? 지금의 안위보다 미래를 희망적으로 생각하며 견디는 힘이 무엇보다 중요하다는 것을 말한다.

:: 적성

아이 적성을 찾아 일찍 길을 여는 게 성공의 지름길이다. 양이 질을 우선한다. 세계적 명성을 얻는 시인 푸시킨, 화가 피카소, 음악가 모차르트, 발명왕 에디슨, 종의 기원을 쓴 다윈, 과학자 아이슈타인 등은 일찍이 자기 분야에 몰두한 사람들이다.

이제 기계가 대신하지 못하는 부분 즉, 정서 지능과 창의와 행복을 추구하는 시대가 됐다. 인공지능의 발달로 두뇌 혁명이 실용화되면, 지식 위주의 직업군 다수가 사라질 것이라고 미래학자들은 말한다.

지금의 대학 교육은 과거 산업이 발달하던 시기에 만들어진 시스템이다. 인간 수명 60살로 보고 고안된 커리큘럼이다. 학교 졸업 후 30여 년간 산업에 쓰임 받을 대량 교육 제도였다.

이제 교육 목표가 달라져야 한다. 앞으로는 못살아도 100년의 삶이다. 20년간 공부한 것으로 80 여년을 살아가야 한다면 지금의 시스템으로는 불가하다.

자녀의 적성과 소질을 잘 관찰해야 한다. 그 소질이 공부와 동떨어졌더라도 그에 대해 응원하고 지지할 수 있는 거시적 안목이 필요하다. 당장은 중요해 보이지 않을지언정 미래에는 그러한 소질이 사회에서 의미 있는 직업이 될 수도 있다.

"무슨 직업을 택하든 건전한 대인관계를 유지하고, 자신의 생각을 똑똑히 전하고, 타인의 이야기를 신중히 듣고, 자신의 일과 타인의 일을 계획 준비하고, 열심히 일하고, 또한 열심히 일하기를 즐기고,

자신의 일에 중요한 사람의 얼굴, 이름 및 그 밖의 사항을 기억하는 방법을 안다면 성공할 것이다. 이러한 능력과 솜씨를 지닌 일반교육을 받은 사람은 거의 모든 직책을 훌륭히 수행할 준비가 되어 있는 것이다." 헨리 포드의 말이다.

지금은 은퇴했지만 과거 프로게이머로서 방송에서 종횡무진 활약하던 이들이 있다. 이들의 부모는 아들이 게임 플레이를 직업으로 갖게 될 것이라 상상했을까? 아마 그러지 못했을 것이다.

다만 아이가 의지를 가지고 주도적으로 진행하는 게임이라는 특기를 지지해 줬을 뿐이다. 가끔 유명 프로게이머의 연봉이 기사에 날 때마다 깜짝깜짝 놀란다. 공부를 잘 했던 모범생이 다니는 직장에 비할 바가 아니다. 결국 공부가 정답인 시대가 끝나가고 있음을 좀 더 피부로 느껴야 한다.

:: 취미, 적성 어릴 때일수록 더 잘 나타나

취미나 적성은 아이가 어릴 때일수록 더 잘 나타난다. 아무런 제제를 하지 않은 상태에서 아이가 무엇을 하며 노는지 관찰해 보면 좋다. 그때 행하는 행동이 바로 자신이 재미를 느끼고 자발적으로 하는 특기일 가능성이 높다

아이마다 취하는 행동이 다 다를 것이다. 좋아하는 것은 즐기게 마련이다. 즐기면 몰두한다. 몰두하면 성취한다는 이치다. 답은 간단하다. 복잡하게 생각하지 말자.

자신의 취미와 직업이 같은 사람은 행복하다. 우리는 대부분 자기가 공부한 분야와는 다른 곳에서 일하는 경우가 많다. 학교에서 배운 학문은 실용 면에서 제로에 가깝다고 기업 관계자는 말한다.

신입사원이 입사하면 자체적으로 몇 개월간 자체 교육을 새로 시키는 곳이 많다. 대학교에서 사회 생활로 전환하는 과정이 아직 완전하지 않다는 얘기다.

감성 리더가 미래 리더

이 세상은 고유한 사랑의 힘으로 유지되는지도 모른다. 우리는 불쌍한 사람을 보면 돕고 싶고 위급한 상황에서 아기를 구해내는 것도 사랑이 있기 때문이다. 그런데 가장 가깝고 친절해야 할 사람들에게 불친절하고 야박하다. 왜 일까? 편하니까,

아니다. 인격체임을 잊기 때문이다. 소중한 인격체임을 인정하면 함부로 대하지 못한다. 부부간, 부모자식 간은 가장 귀한 관계이다. 서로를 사랑하고 배려하며 살면 따뜻한 가정이 될 것이다.

따뜻함에서 자란 자녀는 모든 일에 긍정적이고 사회에 나가서도 꼭 필요한 사람이 된다. 남의 말에 경청하고 공감할 수 있는 사람이야 말로 미래의 리더가 될 수 있다. 과거에는 좀 더 학식 있고 위엄 있는 리더가 각광을 받았다. 앞으로는 감성의 리더가 필요한 시대다.

좀 더 따스한 마음으로 사람을 품을 수 있는 사람이면 좋겠다. 앞으로의 세계는 딱딱한 기계가 인간의 일을 대신해 줄 것이다. 감성

제로, 기계보다 나을 것은 오직 인간의 감성뿐이기 때문이다.

역경은 쓰고,
열매는 달다

:: 자식 기르기는 인내

자식 기르기는 인내다. 어미닭이 알을 21일간 품어야 병아리로 탄생한다. 요즘 유산균의 보고라는 막걸리가 유행한다. 막걸리를 만들려도 밥을 누룩과 섞어 삭혀야 한다. 그러려면 그 시간이 필요하다. 자식 키우기도 거기서 크게 벗어나지 않는다. 마음을 삭히며 기다려야 한다. 참을 인자 몇 만개를 그려야 한 인간으로 만들어진다.

:: 한 송이 꽃 피우기 과정

자식 기르기는 한 송이 꽃을 피우는 과정이다. 모진 폭풍우를 만나면 넘어지고 휘어지고 꺾인다. 그것을 다시 잘 자라도록 북돋아 준다. 사랑과 헌신으로 보살피면 부모의 도리는 다하는 것이다. 아주 충실한 꽃은 아니더라도 꽃은 꽃이다.

아래 글은 2011년 1월 04일 승우가 첫 출근하던 날, 나의 감상을 적어 놓았던 글이다. 대학교를 무사히 마치고 홀로서기를 한 날이다. 갑자기 서정주의 시 '국화 옆에서' 의 한 구절이 생각났다. "한 송이 국화꽃을 피우기 위해 봄부터 소쩍새는 그렇게 울었나 보다."

잠시 그날의 소회를 더듬어 본다.

〈첫 출근 단상〉

오늘은 승우가 사회에 첫발을 내딛는 날이다.
27살 대학생 4학년 남자다. 아직 졸업식은 2월에 한다.
오늘 아침식사는 고기미역국에 김치와 김, 참치이다.
서둘러 약간의 아침밥을 뜬 승우는 차가운 바깥 공기를 가르며
일터로 향했다.

엄마로서 감회가 새롭다.
26년 세월이 직업을 갖기 위한 전초였음을 새삼 느낀다.
누구나 사회인이 되기 위해 많은 세월을 공부한다.
도덕적인 것을 배우고, 건강도 지키며
인생의 기반을 닦는다.

결혼도 마찬가지일 거다.
한 배필을 만나 자식을 낳고 기른다.
그의 후손도 자신처럼 공부하고 먹고 자고 놀다가 결혼할 것이다.
이어 3세도 자랄 터이고 계속 종족을 번식해 그 후대가 이어지리라.

 인간을 꽃에 비유한다면 부모는 이제 사그라지는 꽃이요,
자식은 꽃의 열매인 씨앗이다.
그 씨앗이 영글든 덜 영글든 문제시 할 일이 아니다.
단지 씨를 뿌린 농부의 정성만으로도 높이 살만하다.

어느 농부가 씨앗을 뿌리고 좋은 열매 맺기를 마다하겠는가?

농부가 봄에 씨뿌리기를 했다면

그 노고만으로도 갸륵할 뿐이다.

씨앗에 따라 색깔, 모양, 수명과 견고성이 다 다를 것이다.

다양한 꽃들이 모여 아름다운 정원을 이루리라.

보기에도 참 좋을 것이요, 각각의 향기가 발산되리라.

나이가 좀 들어 인생을 휘 둘러보니

그동안 삶이 무턱댄 삶이 아님을 느낀다.

안개 낀 벌판을 우왕좌왕 해맨 듯하다.

그 길마저도 이미 예정된 길이 아니었나 하는 생각이 든다.

아마도 우린 예비된 길을 단지 걸어가는 나그네인가? 싶다.

자연의 위대함을 조금씩 발견하고선

언젠가부터 관망하는 버릇이 생겼다.

어떤 문제에 봉착할 때마다

이 일이 무슨 의미인가를 내심 생각하게 된다.

우주론적으로 생각하면 아주 쉽게 풀린다.

거기다 자연의 섭리를 갖다 끼워 맞추면 단순하게 답이 나온다.

아, 나이 듦에 대해 그토록 두렵던 시절이 있었다.

이제 감사로 느껴진다.

새해가 다가올수록 옭죄던 마음도

이제 편하게 받아들일 수 있다.

아픔마저도 친구삼아 살아갈 마음의 준비가 되어 있다.

나이 든 분들이 이제 존경스럽기까지 하다.

그분들도 모진 세월을 견디고 아프며 그렇게 산 선각자들이다.

씨를 뿌린 파종인이다.

그것만으로도 충분히 위대하다.

오, 이 아리송한 원리를 깨우쳐가는 게 얼마나 커다란 소득인가?!

결혼, 자식, 사회, 친구와 이웃이 모두 고마운 학습장이었다.

이 세상 모든 선과 악도 다 스승이다.

이제 그 원리를 알았으니 안달하지 말자.

주어진 삶을 겸허히 살아야 하지 않을까?

땅에 떨어진 씨앗은 썩지 않으면 어떻게든 꽃이 피리니….

조물주(?)의 도모로 덤으로 사는 인생 아니던가.

이 세상의 아이들은 다 자신의 몫을 갖고 타고난다. 사회에 공헌할 수도 있고, 남을 도울 수도, 리더가 되기도 하고 부하도 될 수 있다. 아이의 싹을 그 누구도 누르지 말아야 한다. 아이의 속에 무슨 싹이 돋아날지는 아무도 모른다. 아무리 작은 아이에게도 그 아이의 인생이 담겨 있다.

자신의 경험이 나쁘든 좋든 썩어 자양분이 된다. 실패와 좌절을 이긴 사람은 너 큰 영광을 얻을 수 있다. 한 아이가 성장하는 것도 마찬가지다. 수 십 년간의 경험이 쌓여 한 사람을 만든다. 승우는 현재, 그토록 몰두한 게임 북의 효과로 외국계 IT 업계에서 기획 업무를 담당하고 있다.

:: **끝내는 엄마** … 아이 의욕을 Down 시키는 엄마

　아이가 다른 취미가 있더라도 오직 공부만을 종용한다. 공부를 방해하는 주특기는 인정하지 않는다. 아이가 듣든 말든 잔소리하고 화를 낸다. 어려서는 자애롭다가 크면 갑자기 호랑이 부모가 된다. 동기부여해 줄 일은 없고, 아이 적성을 허락하지 않으며 부모의 뜻대로 나아가길 바란다. 타율에 의한 일은 금방 지치고 성취도 없는데, 부모를 잘 따르지 않는다고 윽박지른다. 나무만 보지 숲을 보지 않으므로 앞을 예견할 수 없다. 당장이 시급하다고 생각한다. 달라지는 미래에 미리 대비하지 못해 분주하기만 하다. 아이 주장은 없고 어른 의견만 난무한다. 블루오션 시대에 용감하게 뛰어들지 못하고 레드오션에만 안주하게 만든다.

:: **끝내주는 엄마** ··· 아이 의욕을 Up 시키는 Upmom

　공부 외 취미를 가진 아이 관심사를 먼저 파악한다. 주특기를 인정해 준다. 성취가 활화산처럼 타오른다. 잔소리 대신 불편을 선물해 준다. 어려서는 엄하게 하고 크면서 서서히 자율을 준다. 동기부여만 잘 되면 아이가 무섭게 파고든다는 사실을 안다. 뒤늦게 허락했더라도 아이 적성에 따라 열심히 지지한다. 미안함을 갖는다. 하고자 하는 집념으로 불가능을 뚫게 응원한다. 소망하면 반드시 이뤄진다는 목표를 갖게 한다. 못하게 막아도 비밀스레 파고드는 아이의 집중은 막을 수가 없음을 인식한다. 차라리 자기 주도적 성취로 자신을 가꿀 수 있게 이끈다. 오뚝이 같은 성격으로 아무리 힘든 일이 와도 이겨낼 여력을 어려서부터 길러준다. 앞으로 급변하는 세상을 사는데도 도움이 되도록 안내한다. 아이가 원하는 일을 끝까지 밀고 나가며 어렵사리 의견 일치를 본다. 결국 아이가 자기 길을 가기 위해 버틸 수 있었던 힘은 어릴 때 단련의 결과라 여긴다. 틈새시장을 잘 찾아 마이웨이를 갈 소유자를 기른다.

Chapter

좋은 출생이란 무엇인가.
덕이 갖추어진 인간으로 태어나는 것이다.

- L. A. 세네카 -

8

자식 기르기란
종합 예술이다

1 위대한 탄생

:: 아이 성장, 부모의 진솔한 사랑과 비례

탄생은 위대하다. 아기가 엄마의 뱃속에서 나오지만 경이롭기 짝이 없다. 신비롭다. 여태 그런 감동을 받아본 적이 있던가? 갓 태어난 아기는 가족 친지와 주변으로부터 환호와 관심을 흠뻑 받는다. 그렇게 아이는 세상과 만난다.

아이는 영유아기에 기본기만 잘 잡히면 저절로 도는 바람개비와 같이 스스로 탄력을 받게 된다. '초상화는 안에서부터 밖으로 그려야 한다. 안만 제대로 그려지면 밖은 저절로 완성되기 때문이다.' 라고 미국의 초상화가 노마 밀러는 말했다. 아이도 마찬가지다.

아이의 성장은 부모의 진솔한 사랑에 비례한다. 부모와의 애착 관계가 잘 형성된 아이가 행복하게 성장한다.

:: 아이 초상화, 수시로 바뀔 수 있다

아이의 초상화는 수시로 바뀔 수 있다. 먹고, 자고, 노는 기본 습관부터 시작이다. 그것만 잘 길들여도 절반의 성공이다. 그리 쉽지 않다. 그게 문제다. 놀고, 먹고, 자는 게 뭐 그리 힘들까 생각하지만 그건 어른의 생각이다.

이 모든 행동은 아이가 한 인간으로 처음 행하는 것이다. 낯설고 힘들 수밖에 없다. 결국 크며 길들여진 우리들로서는 이 같은 아이의 입장을 이해해야 한다.

태아는 엄마 뱃속에서 열 달 동안 지낸다. 그 곳에서는 자신의 적극성이 필요치 않다. 말 그대로 영양분이 들어오는 대로 섭취하고, 그저 시간이 흐르는 동안 열심히 자신의 몸집을 키워갈 뿐이다.

하지만 아기가 세상에 나오는 순간, 세상이라는 거대한 미지의 세계에 직면하게 된다. 결국 자신의 힘으로 개척해 나가야 할 대상인 것이다.

:: 아기 울음소리, 간절한 구원

아기의 울음소리는 간절한 구원의 소리다. 태초에 목숨을 잃을 지도 모른다는 급박함이 담겨 있다. 인간 중심의 현대 사회에서는 이러한 자기 방어적 수단으로써의 울음은 아닐지언정, 자신을 타인에게 어필하는 최대한의 수단이 바로 울음인 것이다.

부모가 그 싸인을 빨리 알아채면 아이는 안도한다. 즉 부모의 즉각적인 반응으로 인해 신뢰감이 형성된다.

말이 안 통하는 낯선 외국인과 대화를 해야 할 때, 바디 랭귀지가 필요한 경우가 있다. 그럴 때 상대방이 그 의미를 알아들으면 기분이 좋다. 통했기 때문이다. 아이도 그렇게 인식한다.

갓난아기는 아직 자신의 육체와 스스로의 존재 자체에 대한 인지가 부족하다. 이후 성장하면서 점차 자아관이 형성되는 것이다. 훌륭한 자아 형성에 영유아기의 부모 역할이 매우 크다고 본다. 영유아기는 0세~6세의 기간을 말한다. 부모의 양육 방식에 따라 자아의식이 발달한다.

:: 육아의 8할은 기다림

육아를 하면서 부모가 갖춰야 할 가장 중요한 요소는 무엇일까? 지금 머릿속에 떠올려 보자. 자녀에게 알려줄 풍부한 지식?, 경제적 풍요로움?, 책임감? 난 이것보다 더 중요하게 생각하는 것이 있다. '기다림'이다. 자녀를 느긋하게 지켜보고 기다릴 수 있는 인내심이 필요하다.

기다림. 말은 참 쉬워 보인다. 하지만 실천에 들어가면 이것만큼 애간장 타는 일도 없다.

승우가 초등학교 1학년 때의 일이다. 승우는 라면을 좋아했다. 건강에 썩 좋을 것은 없기에 아주 가끔씩만 해주던 별미였다. 하루는 자신이 직접 라면을 끓여보겠다고 나섰다.

:: 라면 끓이기로 본 기다림의 지혜

내가 자주 끓여주지 않으니 자기 손으로 직접 끓여 먹겠다는 생각이었나 보다. 생각이 기특하기도 하고, 어떻게 할까 궁금하기도 해 그러라고 했다. 당장 가스레인지 불을 켜는 것부터 삐그덕 거렸다. "엄마 이거 왜 불이 안 들어와요?" 가스 밸브가 잠겨 있던 채였다. 나는 "이렇게 하면 열리는 거야." 라며 가스 밸브 다루는 법을 알려 주었다.

하지만 그 후에도 금세 까먹어 매번 알려 줘야 했다. 불을 켜고 나니 이제는 물의 양이 문제였다. 네가 맘에 드는 양만큼 넣어보라고 했다. 결국 그날 먹은 라면은 거의 탕 수준으로 물만 한가득한 라면이었다. 하지만 굳이 먼저 나서서 말리지 않았다. 자신이 직접 원인과 결과에 대해 체험해 봐야 한다고 생각했다.

포기할 만하건만, 그 후 승우는 라면 먹는 날이 되면 항상 자기가 하겠다고 나섰다. 어떨 때는 짜고, 어떨 때는 싱겁다고 했다. 라면이 죽처럼 퍼지기도 했다. 스프 양도 스스로 조절해 보라고 했다. 그 거북이 같은 과정을 옆에서 보는 내내 답답해 펄쩍 뛸 지경이었다. 내가 라면을 한두 번 끓여봤겠는가.

그냥 엄마가 해줄 게라며 후딱 해치우는 게 나을 듯 했다. 하지만 기다렸다. 승우가 스스로 자신이 가장 맛있다고 느끼는 물의 양을 찾을 때까지, 적당한 스프의 양을 스스로 조절할 수 있을 때까지, 뜨거워도 데지 않고 도구를 사용해 냄비를 잘 나를 수 있게 될 때까지,

물론 안전사고가 일어나는 것은 방지해야 했기에 나 역시 하던 일을 멈추고 내내 옆에서 지켜볼 수밖에 없었다. 그렇게 수십 번은 반복한 후, 어느 날 승우가 자신이 끓인 라면을 먹으며 한마디 했다.

"엄마, 앞으로 딱 이렇게 끓이면 될 거 같아요." 라면 끓이기라는 아이의 거대한 도전이 결실을 맺은 것이다. 성인에게는 한없이 평범하고 특별할 거 없는 일이다. 하지만 아이는 수많은 시행착오를 겪으며 이렇게도 해보고 저렇게도 하는 등 수없이 개량했다. 스스로 판단했으며 자신이 뭔가를 해낼 수 있구나 라는 자신감 역시 얻었다.

:: 슈퍼맨

아이에게 있어 '별 거 아닌 일'은 없다. 어디까지나 어른의 주관적인 판단일 뿐이다. 아이가 자기 주변의 일에 관심을 갖고 그 거대한 도전에 한걸음 내딛을 수 있도록 돕자. 그리고 '기다리자' 라고 굳게 마음먹고, 스스로 체득할 때까지 지켜보자. 그거면 된다.

부모의 관념과 의견, 뭐든지 해낼 수 있는 막강한 파워를 함부로 아이에게 덧씌우지 말자. 아이가 스스로 걷는 방법을 알기도 전에 전용 비행기를 제공하는 우를 범하지 않는 것이 좋다.

모든 것을 해주는 부모가 슈퍼맨인 시대는 갔다. 이제는 아이 스스로 자신이 슈퍼맨임을 자각할 수 있게 이끌어 주는 부모가 되자.

행복해지려고
태어나다

②

'인생에 주어진 의무는 단 하나밖에 없다. 그저 행복하라는 한 가지
의무뿐, 우리는 행복하기 위해 세상에 왔다.'
                                                    – 헤르만 헤세

:: 자기 주도적이면 재밌다

재미있게 사는 게 행복이다. 자기 주도적으로 하는 일은 재미있
다. 어떤 일에 재미가 있으려면 적성, 흥미, 직업이 같으면 금상첨화
일 것이다.

언젠가 직장인이 된 승우에게 물어봤다. "지금까지 언제가 가장
행복했다고 생각해?" 승우가 대답했다. "어렸을 때 로봇 만들어 그
걸 보고 그릴 때가 가장 즐거웠어요." 그렇구나. 자기 주도적으로 한
일은 정말 기쁨임을 말하는 거였다. 그 때의 취미가 이어져 직업이
되었다는 게 무엇보다 행복하다고 말했다.

:: 적성이 맞으면 행복

업데이트 날짜가 되어 간혹 직장 일이 힘겨워 질 때도 있다고 승우는 말한다. 참고 견딜 힘은 바로 좋아하기 때문이라고 덧붙였다. 자기 동료 중에 어렵사리 취업되었다가 직장을 그만 두는 사람도 있다고 한다. 왜 그러냐고 물으니, 자기 일이 적성이 맞지 않은 게 첫째 원인이라고 했다.

그렇다. 나는 승우의 말을 듣고 안도의 한숨을 쉬었다. 자신의 일에 자긍심을 갖고 평생을 살아간다는 것은 정말 행복한 일이겠구나라는 점에서 말이다.

누구나 자기가 원하는 스타일의 삶이 있다. 과거 나도 그랬다. 자기 적성과는 전혀 다른 길을 가는 듯해 가지 않은 길에 대한 미련으로 몸부림치곤 했다.

아무리 대우가 좋은 직장이나 내노라하는 직장이라도 자기와 맞지 않으면 힘겨울 수밖에 없다. 지능이 좋아 돈, 권력, 명예를 얻으면 성공일까? 그건 아니다. 우리는 이제 성공과 행복의 개념을 재정립해야 한다. 아이마다 다른 특성을 잘 살리는 길이 곧 행복의 지름길이다.

:: 다중 지능

1983년 하버드 대학의 발달심리학자 하워드 가드너가 기존의 지능 검사를 비판하며 다중지능 이론을 제시했다. 다중지능 이론의 사전적 의미는 인간의 지적 역량이 다양한 요소로 구성된다고 설명한다. 그는 '일에서 재미는 매우 중요한 요소'라고 말했다.

그에 따르면 각각의 지능이 조합됨에 따라 개인의 다양한 재능이 발현된다. 따라서 각 영역에 있어서 수많은 종류의 천재가 있을 수 있다. 각기 자기 분야를 연마하는 중에 재미도 느끼며 그 재능을 지속적으로 살리는 힘을 가진다.

아인슈타인, 에디슨은 어린 시절 학교 생활조차도 못할 정도의 부진아였다. 그들은 자기 강점을 살려 천재가 되었다. 축구 천재 손흥민, 골프 천재 박인비도 자기 특성을 끌어내 성공했다. 스티브 잡스도 어린 시절 눈에 뜨일 정도로 대단한 아이는 아니었다. 자기가 좋아하는 일을 할 때 그 분야의 최고가 될 수 있다.

인간이 행복하기를 원하면서도 행복을 느끼기 힘든 이유를 칙센트미하이 교수가 지적했다. '우주가 우리를 중심으로 돌아가지 않는다는 사실'과, '욕구가 채워지는 순간 다른 것을 원하게 되기 때문'이라고 한다. 사람은 자기중심적이고 욕심 때문에 행복을 지속시킬 수 없다.

몰입할 때 행복

칙센트미하이 교수가 일상에서 얻는 새로운 행복을 제시했다. 그의 책 '몰입의 즐거움'에서 '행복이란 어떤 방향을 향해 흘러가는 정신적 과정'이라고 말한다. 몰입(flow)은 삶이 고조되는 순간에 물 흐르

듯 행동이 자연스럽게 이루어지는 느낌을 일컫는다'고 했다.

우리가 뭔가에 빠져 있을 때 행복하다. 몰입은 온 정신을 집중하는 것이다. 자신과 외부의 제약도 잊고 시간과 공간까지 망각한 채 몰두함을 말한다. 그럼으로써 행복을 얻을 수 있다.

예술가들, 특히 화가는 그림을 완성하는 동안 너무 열중하여, 밥 먹고 잠자는 등 자신의 생리적 욕구까지 잊어버리는 현상을 종종 경험한다고 알려져 있다.

어렸을 때 신나게 놀며 행복감을 느꼈던 적이 있을 것이다. 그때 평생 쓸 행복 그릇이 만들어진다. 통계에 따르면 어려서 행복을 많이 경험한 사람이 커서도 행복할 확률이 높다고 한다.

인간의 뇌는 탁월하다. 행복 지수가 뇌에 축적된다. 행복도 연마할 수 있다는 말이다. 잘 논 아이가 성공할 확률이 높은 이유다. 재밌게 놀고 나면 충만함과 기쁨이 따른다. 그 힘은 곧 살아가는 원동력이 된다. 놀이의 힘은 행복의 원천이 될 수 있다.

:: 자기 주도적이면 재밌다

사람은 누구나 행복하기 위해 태어난다. 모든 부모는 자녀가 행복하길 원한다. 어떻게 해야 우리 아이를 행복하게 기울 수 있을까? 행복이란 인간이 바라는 바가 이뤄져 기분 좋은 상태다.

자기 주도적으로 하는 일은 재미있다.

:: 행복의 파랑새는 내 안에

진정 내 아이가 행복하려면 어떻게 해야 하나? 아이의 현재를 사랑하라. 내 곁에 있어줘서 고맙고, 아프지 않아 감사하고, 아침에 함께 눈떠줘서 감사하다고 생각하라. 그리고 아이에게 자신이 느끼는 행복감에 대해 공유하면 좋다. 네가 있어서 정말 행복하다고 말해주자. 이러한 작은 말들이 아이에게 긍정적인 영향을 끼친다.

아침에 눈을 뜨게 해서 고맙다는 걸 느끼면 행복하다. 그리고 표현해 주라. 네가 있어 얼마나 행복한지를 말이다. 행복은 늘 가까이에 있다.

우리가 잘 아는 동화극 모리스 마테를링크의 '파랑새'에서 파랑새는 '행복'을 의미한다. 두 주인공 틸틸과 미틸이 파랑새를 찾아 헤맨다. 결국 집안의 새장에서 파랑새를 찾는다. 행복이란 먼 곳이 아닌 가까운 곳에 있다는 교훈이다. 행복의 파랑새는 내 안에 있다.

"행복은 인생의 의미이며 목적이요, 인간이 존재하는 이유이다." 라고 고대 그리스의 철학자 아리스토텔레스도 말했다.

❸ 남자와 여자,
무엇이 다른가?

:: 다름을 이해하고 인정해야

이세상은 남자와 여자로 구성된다. 부부가 사는 것도 결국 남자와 여자의 만남으로 시작된다. 결혼 생활을 하다보면 시답지 않은 것 가지고도 티격태격 싸울 때가 있다. 지나고 보면 유치하기 짝이 없다는 생각이 든다.

누구의 잘잘못을 가리기 전에 남자, 여자의 다른 점이 있음을 먼저 알면 훨씬 이해가 빠르겠구나 하는 마음이 들었다. 사람은 관계의 그물망 속에서 얽히고설킨 채 살아간다. 남녀는 외모뿐만 아니라 성격, 역할도 다르다.

최근 노르웨이의 한 대학 연구진이 생후 30~33개월의 영유아 1000명을 대상으로 조사를 실시한 결과, 여자아이가 남자아이에 비해 사회성이나 자급자족 능력이 더욱 뛰어난 것으로 확인됐다.

말하기, 밥 먹기, 화장실 가는 행동을 여자아이가 남자아이보다 더 잘 할 수 있다. 남자아이는 좀 늦된다고들 한다. 놀 때도 병정놀이 등 활동적인 반면 여자애는 소꿉놀이, 인형놀이 등 정적이다. 그렇듯 남녀 차이는 어려서부터 있어 왔다.

남성 사냥꾼, 여성 양육 겸 둥지보호

인간의 두뇌는 지난 수백 만 년 간 남성은 사냥꾼 역할, 여성은 양육 겸 둥지 보호 역할에 맞게 진화해 왔다. 일반적으로 남성은 사냥꾼답게 공간지각 능력이 우수하다. 앨런 피즈. 바버라 피즈 공저 '말을 듣지 않는 남자, 지도를 읽지 못하는 여자'에서도 논한 남녀의 차이다.

그러나 양육자인 여성은 분위기나 상대의 미묘한 태도변화를 재빠르게 알아챈다. 여성의 시야는 180도에 가까울 정도로 넓다. 둥지로 살금살금 기어드는 침략자를 신속히 발견해야 한다. 방어태세에 민감하다.

남성은 먹이 감에 집중해야 한다. 그는 시야는 좁지만 원거리까지 정확히 보는 능력이 있다. 공간 지각력이 월등하다. 그래서 발달한 것이 방향 감각이다. 대부분 남자가 지도를 잘 보는 이유이기도 하다. 이 때문에 남성은 멀리 떨어진 술집은 잘도 찾아가면서 집 냉장고에 들어 있는 음식물 찾는 데는 서투르단다.

언젠가 멀리 찾아갈 곳이 있어 남편과 승용차에 동승했다. 내비게이션도 없던 때라 지도에 의존했다. 남편은 운전 중 나에게 지도를 좀 보고 안내해 달라고 요구했다. 나는 길치인데다 지도 보는 눈이 없었다.

나는 그때 왜 지도를 잘 보지 못할까 고민했는데 그 책을 보며 알게 됐다. 공간 지각력도 타고나는구나 라며 위안했던 기억이 난다.

이렇게 우리는 알면 편하고 이해할 수 있다.

:: 색깔로도 남녀 구분

색깔로도 남녀가 구분된다. 흔히 남자는 푸른 색, 여자는 붉은 계통의 분홍색 등을 상징한다. 이유가 뭘까? 남성들은 사냥하기 위해 푸른 초원이나 산으로 주로 나다녔다. 그곳에 보이는 것은 푸른 하늘과 녹색 계열의 초목들이다. 그래서 자연스럽게 남자의 눈에 익숙해져 내려온 성향이다.

그에 반해 여자는 집 주변에서 나물 뜯고 열매를 따 가족의 생계를 도왔다. 주변은 삶의 보금자리이고 양식의 보고이다. 여자가 붉은 계열 색깔을 좋아하는 이유는 감, 사과처럼 붉은 과실을 거두는 것에서 그 의미를 찾을 수 있다.

승우를 임신했을 때 시누이가 애기 옷을 준비해 오셨다. 온통 푸른색 계통이었다. 왜냐고 여쭈니 아들일 것 같아서 그랬다고 하셨다. 그렇게 우리는 은연중에 색깔로 구분한다. 초등학생의 가방 색을 보면 남녀의 구분이 확실하다. 그렇게 양분화된 속에서 의견마저도 분리되어 감이 안타깝다.

싸워봤자 낭비

우리가 경험하는 예로 쇼핑을 들 수 있다. 아내들은 남편과 쇼핑하면 거의 다투게 된다고들 이구동성으로 말한다. 시간 때문이다. 언젠가 나도 그랬다. 원피스를 고르는데 시간이 걸렸다. 그 시간을 무료히 기다리던 남편은 그만 지쳐 화가 나 있었다.

예부터 주변을 둘러보며 먹거리를 얻던 유전자가 물건 고를 때도 작동된 이유다. 여자는 옷을 고를 때 주변의 옷들을 다 살펴봐야 직성이 풀린다. 가격, 질감. 디자인 등을 비교해야 한다. 그런 여자의 속성을 모르기 때문에 기다리는 남자는 화가 난다.

여자가 지도를 잘 못 보듯, 남자는 그런 기다림에 약하다고 봐야 맞다. 누구의 잘잘못도 아니다. 서로의 태생이 그렇다는 걸 이해해야 속 편하다. 그걸로 싸워봤자 서로에게 낭비다. 금만 갈 뿐이라는 걸 나중에야 알게 되었다. 살면서 배워가는 게 얼마나 많은지 모른다.

결혼 상대를 선택할 때도 그렇다. 남자들이 여자를 선택한 줄 알지만 거꾸로다. 주변의 여러 남자 중 여자가 그 남자를 간택한 것이다.

동물의 왕국을 잘 보면 그 현상을 알 수 있다. 수컷은 암컷을 향해 온갖 회유를 다한다. 결국 여러 수컷 중 선택권은 암컷에 달려 있다. 여자한테 선택받은 남자이다. 그렇듯 우리는 착각과 모름 속에서 살아간다.

:: 말, 사회성, 공감 등에서도 차이

남자와 여자는 말에서도 차이가 난다. 남자는 여자보다 언어 능력이 현격히 떨어진다. 사람 자체가 아닌 사람들의 활동이나 물건에 대한 대화를 좋아한다. 반면 여자는 주로 관계에 대한 이야기를 하고 싶어 한다.

남아는 여아보다 언어와 사회성 발달이 늦은 편이다. 게다가 소근육이 더 늦게 발달해 여러 면에서 여아들에게 뒤쳐진다. 어디 이뿐이랴 공감능력이 떨어지기 때문에, 곧잘 엄마와 갈등한다. 엄마는 아들이 답답하고 문제라고 생각하지만, 이는 노력으로 해결되기 어려운 남자 혹은 남아의 특성인 경우가 많다.

승우가 사춘기가 되더니 그 정도가 극에 달했다. 자기 주변에서 일어나는 일에 대해 입을 함봉했다. 어려서 그렇게도 많은 얘기를 했음에도 불구하고 갑자기 절벽처럼 느껴졌다.

그전까지는 중성이었다면 사춘기를 기점으로 남성으로 가는 진입 과정임을 늦게야 알게 되었다. 우리가 그런 것을 알면 훨씬 상대를 감쌀 수 있다.

세대를 알면 이해가 쑤욱 ④

:: 요즘 젊은 것들은 버릇이 없다, 수메르의 점토에도...

세대 차이는 어느 시대에나 있었다. 기원전 1,700년 경 수메르의 점토에도 그런 내용이 있었다는 사실이 놀랍다. '요즘 젊은 것들은 버릇이 없다.'라고 적혀 있다. 역사는 그렇게 세대차를 느끼며 지금까지 이어져 왔다. 우리 때도 어른들이 말하길 '젊은 것들이 못 돼 먹었어!' 라며 혀를 끌끌 차곤 했다.

부모와 자식 간의 세대차를 어떻게 극복할 것인가? 사춘기가 되면 부모와 자식 사이에 대화가 더욱 불통이다. 특히 아버지와 아들간의 갈등은 더 팽팽해진다. 서로 자기 입장만 생각하기 때문이다. 어려서부터 대화를 많이 하지 않던 가정은 무덤처럼 적막하기도 하다.

서로를 알아가는 게 중요하다. 손자병법에도 나를 알고 상대를 알면 백전백승이라 했다. 서로를 알면 이해가 빠르고 좀 더 친밀해질 수 있다. 한국전쟁 이후 각 세대별로 자라온 특징들이 뒤섞여 있다. 크게 베이비부머시대, X세대, Y세대, Z세대로 구분해 맛보기 해보자.

:: 전쟁 후, 가난했던 베이비부머

베이비부머는 1955년~1963년생이다. 나도 이 여기에 속한다. 베이비부머는 6.25와 베트남 전쟁의 전후 세대다. 직접 전쟁을 겪지는 않았지만, 삼촌이나 부모가 참전했다.

그래서 전쟁 피해를 간접적으로 알았다. 초등학교 때 옆 짝꿍이 가져온 알록달록 단추 같은 M&N 초콜릿 맛은 잊을 수가 없다. 월남전에 참전했던 그 애 삼촌이 가져온 선물이라 했다.

전후 후유증은 폐허와 무질서, 혼란, 배고픔과 이산의 고통이었다. 검정고무신과 책보자기는 그 시대를 대표했다. 베이비붐으로 콩나물 교실에서 공부했다. 한 교실에서 90여명이 함께 배웠다. 오전, 오후반으로 나뉘어 배울 정도였다. 지금은 상상도 못할 열악한 교육 환경이었다.

우리는 회초리 세대였다. 부모와 선생님으로부터 매 맞으며 자랐다. 성적보다 도덕을 강조했다. 어른한테 인사 잘하기, 남의 물건 훔치지 않기, 옷 입은 태도, 서리 금지 등등의 가르침이었다. 그들이 8~90년대 산업화, 민주화의 주역이 되었다.

우리의 부모(현재 8~90대)는 가난이 싫었다. 죽도록 일만 했다. 자식 만큼은 배고프지 않게 먹이고 입히며 가르치는데 헌신했다. 그 때는 가정과 가족의 가치를 중시하는 대가족 속에서 자랐다. 남존여비가 잔존했다. 여자가 시집가면 그 집 귀신노릇까지 해야 한다고 했다. 나도 어머니한테 누누이 그 소리를 듣고 자랐다.

그 때는 모든 물자가 부족했다. 공부하고 싶어도 돈이 없어 진학하지 못하는 사람이 많았다. 장남을 공부시키기 위해 다른 형제가 희생당했다. 동생과 누나는 공장에 다니거나 더부살이에 나섰다.

없는 살림에 학비 마련의 고통은 말할 수 없이 애달팠다. 오죽하면 대학을 우골탑이라 했을까? 우골은 학비 마련을 위해 학부형이 내다 판 소의 유골을 뜻한다.

어렵게 베이비부머가 4년제 대학을 마치면 대기업에 무난히 들어 갔다. 시절이 좋았다. 산업이 발달하고 경제발전에 박차를 가하던 때다. 일자리가 많아 생선의 가운데 토막을 산 사람들이다. 대출받아 집도 사고 차도 샀다. 부동산 값도 폭등했다. 그들은 멋진 집에, 큰 차를 갈망했다.

자식을 위한 학원과 과외도 활성화 되었다. 베이비부머는 이제 경제적으로 좀 나아진 환경에서 자식을 기르게 되었다. 그들이 곧 Y세대의 주인공이 되었다. 부모들은 내 새끼만큼은 좀 더 나은 생활을 원했다. 유학을 보내고 기러기 아빠가 늘어났다. 자녀에게 마음껏 쓰게 해 오렌지족을 만들기도 했다.

:: X세대

X세대란 1965년~1976년 사이에 출생한 세대를 말한다. 그들이 성장해 1990년대 중반에 신세대에 이른다. X세대는 물질적인 풍요 속에서 자기중심적인 가치관을 형성했다.

그들은 처음에는 TV의 영향을 받다가 점차 컴퓨터에 심취하기 시작했다. 인터넷 시대의 원조가 된 세대이다. 이혼 또는 별거자가 많은 부모 밑에서 자란 X세대는 가정에 대한 동경과 반발 심리를 동시에 갖고 있다.

그들이 지금 성인 자식(현재 3~40대)이 되어 시집, 장가도 가지 않으려 한다. 자유주의를 내세운다. 그들은 취직도 어렵거니와 취직을 한다 해도 '88만원 세대'에서처럼 살아간다. 대학원, 박사 과정을 밟으며 부모에게 얹혀 지낸다.

이를 캥거루족 혹은 등쳐족이라고도 한다. 캥거루족이란 스스로 서지 못하고 부모를 의지한다고 해 붙여진 이름이다. 등쳐족도 부모를 등쳐먹는 자식이라 해 은어처럼 사용된다. 노부모가 성인 자식을 데리고 사는 신 가족 형태다.

∷ Y세대

Y세대는 1982년~ 2000년생이다. 밀레니엄세대라고도 한다. 승우가 여기에 속한다. Y세대라는 용어는 미국에서 2000년, 즉 Y2000에 주역이 될 세대를 부르면서 생겨났다. 이 세대는 대학 졸업은 기본이고 학력 인플레이션이 심각하다.

그 예로 미화원을 뽑는데 석사 출신이 몰리고 공무원 시험 준비생만도 20만 명에 가깝다. 소비와 패션 감각이 뛰어나다. 인터넷 쇼핑을 즐기고 소비력이 왕성하다. 일 안하고 돈만 쓰는 소비형 세대다.

명품을 좋아하고 아르바이트를 해서라도 몸치장을 하고 싶어 한다.

평소 검소와 절제를 몸에 익히는 걸 보아온 승우는 명품이라는 걸 모른다. 그저 걸치는 게 바지이고 티셔츠이다. 직장 생활을 하는 지금도 여전하다. 다행히 복장에 규제가 없는 곳이라 승우로서는 다행이다.

승우 친구의 할아버지는 손자가 직장에 들어갔다고 자동차를 선물해 주었다. 그것은 직장 초년생인 손자를 아끼는 게 아니라 소비습관을 조장하는 것이라 생각한다.

자동차 유지비와 그 외 비용 등 사회 초년생으로서 맞지 않다고 본다. 자신의 계획적인 관리는 초년부터 이뤄져야 하는데 그것들을 방해하기 때문이다.

Y세대의 특징은 직장에서도 오래 못 견딘다. 결혼할 생각도 하지 않는다. 부모가 모든 걸 다 해주는 것에 익숙해 있다. 이기주의가 팽배하다. 스스로 의식주를 해결하지 못하면서 구속받기를 싫어한다.

:: **Z세대**

Z세대는 1995년 이후 태어난 19세 미만의 청소년을 뜻한다. 전자기기, 디지털 원주민이다. 2000년 초반 정보기술(IT) 붐과 함께 유년 시절부터 디지털 환경에 노출된 세대답게 신기술에 민감할 뿐만 아니라, 이를 소비활동에도 적극 활용한다.

세대별 특징에서 부모와 자식 간에도 시대 환경을 배제할 수 없다. 점점 늘어나는 인터넷 중독, 게임 중독, 흡연, 성경험, 왕따, 자살 등이 아이와 부모를 더욱 힘들게 한다. 우리 아이를 유혹하는 것은 여기저기 널려 있다. 유혹을 피하기란 물고기가 물속에서 놀지 말기를 바라는 것과 같다. 어려서부터 적절한 통제와 다른 데로 관심을 돌리도록 노력해야 한다.

아프리카 속담에 '아이 하나를 키우려면 동네 하나가 필요하다'고 했다. 이제 사회가 연대해 아이를 키워야 한다. 혼자 아이를 키울 수 없다. 집에서 바른 행동하는 아이가 밖에 나가 나쁜 짓할 수도 있다. 우리 옛 공동 육아의 경험을 바탕으로 부모와 자녀가 함께 성장하는 노력이 필요하다.

그렇듯 부모 자식 간의 의견 차는 어느 시대나 있어 왔다. 내 때도 그랬다. 세대차 나는 부모보다 친구를 먼저 찾는 이유다. 만고진리의 법칙이다. 각 세대별 부모 자식 간의 사회적 배경을 이해하고 서로가 친해지는 부모 자식 관계가 되길 소망한다.

자식 기르기란
종합 예술이다

⑤

:: 고수는 단순하다

자식 기르기도 예술이다. 단순화할 수록 고수다. 성악의 대가는 목에 힘이 들어가지 않는다. 골프도 그렇고, 운전도 그렇다. 초보일수록 몸에 힘이 잔뜩 들어가는 법이다. 초보운전할 때를 생각해 보라. 어깨, 팔, 목 등에 힘이 들어갔던 경험 말이다.

자녀 기르기도 마찬가지다. 년식이 될수록 더하기보다 빼기의 삶에 눈길이 간다. 젊어서는 혈기 왕성해 아이에게도 뭐든 밀어 붙이려는 경향이 있다. 아이가 뭘 좋아할 지 몰라 피아노, 태권도, 바둑 등 골고루 시켜본다는 부모가 있다. 아이의 입장에서는 건성건성이다.

친구 딸도 어려서 구몬 학습지를 했다. 그 애는 그것이 하기 싫어 엄마 몰래 학습지를 숨기고 선생님이 방문할 즈음이면 친구 집에 놀러가곤 했다. 어릴 때부터 요령을 배우게 되고 떳떳치 못한 행동으로 양심의 가책을 느끼게 된다. 그렇게 되면 오히려 역효과다.

:: 가지치기

　좋아하는 것을 하면 흥도 생기고 능률도 오른다. 아이를 키울 때 아이에게도 가지 쳐줄 필요가 있다. 웃자란 나무를 가지치기해 보라. 수형도 예쁘게 잡힐뿐더러 옆에서 새싹이 돋아난다. 전보다 더 튼튼하고 멋진 나무로 자란다.

　승우는 호불호에 대한 감각이 예민한 편이었다. 억지로 시켜서 하는 일에는 습관이 안 되었다. 금방 표시날 정도라 알 수 있었다. 우리 부부는 다른 버릇 들이기에서는 엄격했지만 공부 쪽으로는 철저히 승우의 의견을 따랐다.

　그래서 중학교 초에 처음 갔던 학원을 미련 없이 끊을 수 있었다. 억지 공부처럼 비능률적인 것도 없다고 생각한다. 아니다 싶으면 재빨리 그만두게 하는 게 곧 자지치기다. 놔두면 그 자리에서 다른 싹이 움터 오른다.

　나도 지난 여름 집안의 고무나무를 가지쳐 주었다. 그러자 옆에서 새싹이 계속 돋아났다. 전의 모습과는 완연히 딴판으로 자랐다. 가지를 쳐주면 옆으로 멋지게 퍼지면서 자라기 시작한다. 그 번식력이 대단하다. 적당한 시기의 가지치기가 필수이듯 우리 아이들도 그렇다.

그때 그러지 않았으면 좋았을 걸

승우를 어느 정도 키워 시간이 지나고 보니, 그동안 부질없는 짓을 많이 했구나하는 자책도 들었다. 잘한 것보다 잘 못했던 게 더 많이 생각난다. 그때 그러지 않았으면 좋았을 걸 하는 아쉬움이 남는다. 나이 들며 철이 든다는 뜻일 거다.

세상 일이 마음먹은 대로 되는 게 아님을 깨닫게 된다. 생각대로 된 부분은 감사할 일이다. 혹 실패했다고 해서 헛된 일만은 아니라고 생각한다. 실패는 보석보다 귀한 경험이 되어 다시는 그런 실수를 안 하려고 노력하게 될 것이기 때문이다.

모래알과 같은 존재

천문학자 칼 세이건의 '코스모스'에서 우주적 관점에서 인간의 본질을 바라보게 한다. 코스코스란 질서라는 의미의 그리스어다. 다시 말해 코스모스란 세상 만물이 깊게 연관되어 있음을 말한다. 인간은 우주에서 보면 너무 작아 모래알과 같은 존재다.

이 세상에 전혀 관계없는 사람도 여섯 단계 안에 모두 연결되어 있다는 법칙이 바로 케빈 베이컨의 6단계 법칙(Six Degrees of Kevin Bacon)이다. 더욱이 요즘 SNS로 본인도 모르는 사이 여러 사람과 연결되어 있다. 넓은 세상 속에서도 좁게 느껴지는 게 사실이다.

장구한 듯한 우리의 삶도 길어야 백이십 여년이다. 그 안에 우리가 한 일이 무엇일까? 내 생각에 가장 잘 한 일은 종족을 번식한 일, 즉 자식을 낳아 기른 일이다. 우리는 그것만으로도 자연의 소임을 다했을 지도 모른다.

자식을 꽃이라 치면 예쁜 꽃을 피웠든 미운 꽃을 피웠든 관여할 바가 아니다. 모래알 만한 존재가 씨를 뿌렸으면 그것만으로도 장한 일 아닌가? 그렇다. 자연은 소소하게 따지지 않는다. 있는 그대로 품어 준다.

농부가 씨를 뿌려 싹을 틔울 때, 여러 조건이 맞아야 한다. 공기 물, 햇빛, 공기, 기온 등의 제반 조건은 우리의 역량이 아니다. 자식도 마찬가지다. 우리가 자식을 낳았지만 그 싹이 실하고 부실하고는 우리 책임이 아닐 수도 있다.

왜냐하면 자기 자식 잘 되길 싫어할 부모가 어디 있으랴. 모든 부모가 한결같이 바라는 소망이다. 키울 때도 최고를 지향한다. 그렇다면 공장의 생산품처럼 다 똑 같은 제품으로 출품되어야 할 텐데 그렇지 않다. 그 이유가 무엇일까. 답은 부모로서 최선을 다했으면 됐다. 나머지는 아이의 인생이 아닐까?

:: 부모 고수

고수들은 단순하다. 이것저것 제하고 자기 갈 길만 가는 게 고수다. 승우가 좀 크고 나니 참 부모 노릇하기도 힘들었고 자식 또한 고난의 시간을 살았구나 하는 생각이 들었다. 처녀 총각들을 보면 참 좋은 때라고 한다. 그들에게 물어보면 전혀 그렇치 않음을 알 수 있다.

그 시기에 아이의 널찍한 그릇만 만들면 나머지는 저절로 완성된다. 먹고, 자고, 싸고, 놀기를 잘하면 끝이다. 이것은 나이 먹어 죽을 때까지 반복되는 일이다. 방법이 얼마나 간단한가!

남이야 장에 가든 말든 오로지 자기 길만 가면 된다. 다만 흔들리지 않는 자기 기준이 있어야 한다. 그것은 저절로 생기는 게 아니다. 확고한 자기 믿음이 있어야만 가능하다. 내공이 필요하다.

사실 나도 이런 생각을 갖게 된 것은 그리 오래 되지 않았다. 허둥지둥 살아온 세월을 되돌아보니, 뭐든 버리지 못하고 미련을 둔 일들이 많았다. 그로 인해 자신의 발목이 잡혀 진퇴양난에 빠진 적이 한두 번이 아님을 알게 됐다.

승우의 진로 문제만 보아도 그랬다. 사춘기 동안 몇 년을 암암리에 신경전을 벌였던 셈이다. 승우가 좋아하던 것이 공부에 짓눌려 버릴 때 승우 자신은 압사당하는 느낌이었다고 고백했다.

그래서 부모의 바람과는 반대로 차라리 말없이 항변했다고 한다. 지나고 보니 부모의 잣대로 아이에게 얼마나 많은 무례함을 저질렀는지 모른다. 회한이 들었다.

승우를 잘 기르고 싶은 마음에 아이를 간섭했지만, 아쉽게도 아이와 엇박자일 때가 많다는 사실을 뒤늦게 알았다. 여러 문제로 힘겹게 아이를 키우는 부모들에게 위로와 함께 전하고 싶은 말은 이것이다. 아이와 부모가 조금씩 양보해 조화를 이룰 때 자식 기르기 미션은 예술처럼 완성된다고 말하고 싶다.

그래서 자식 기르기란 종합 예술이다. 아미엘이 예술에 대해 이렇게 말했다.

"예술이란 사람들의 마음속에 숨겨져 있던 것이 드러나고, 어렴풋했던 것이 선명해지며, 복잡했던 것이 단순해지고, 우연이었던 것이 필연이 되는 것과 같은, 사람의 마음에 대한 작용을 말한다. 진정한 예술가는 모든 것을 단순화시킨다."

이글을 통해서도 단순화시킬수록 고수임을 피력했다.

내가 만약
자식을 다시 키운다면

자식을 웬만큼 키우고 나서 생각해 보면 회한이 든다. 잘 한다고 한 행동이 역효과를 내기도 하고, 우연찮은 인연이 생각지도 않은 성과로 이어지기도 했다. 지나고 보면 다 그리움으로 남는다.

지금 현역의 엄마들이 힘들겠지만 잠깐 세월에 후딱 지나간다. 세월은 아이를 기다려 주지 않고 흐른다. 아래의 조항들은 내가 만약 자식을 다시 기른다면 나의 반성과 바람, 그리고 참회와 비전이기도 하다.

1. 예비 부모 때부터 자녀 관련 공부하겠다.
2. 잉태 전 3개월부터 부부가 몸과 마음을 정비하겠다.
3. 밝은 마음, 맑은 마음, 바른 마음 태교로 아이와 친해지도록 하겠다.
4. 임신 중 음식을 조심스레 섭취해 아토피 피부를 만들지 않겠다.
5. 태중 독서와 음악, 산책을 겸해 평온을 유지하겠다.
6. 폭력 없는 탄생을 위해 병원 선택을 잘 하겠다.
7. 자연 분만하고 초유와 모유를 먹이기 위해 사전 운동과 준비하겠다.
8. 아기가 태어나자마자부터 같이 생활하겠다.

9. 생후 24시간 내 접촉으로 아이의 요구 사항을 빨리 간파해 대응하겠다.

10. 미역국을 많이 먹지 않겠다.

11. 몸조리한다고 실내 온도를 많이 높이지 않겠다.

12. 신생아에게 적합한 실내온도 20도~22도, 키울 때 18도~21도를 지키겠다.

13. 갓난이를 너무 싸두지 않고 하루 1~2회 풍욕을 시키겠다.

14. 아이의 식사는 3개월부터 1일 3식, 2회 간식을 지키겠다.

15. 잠자는 훈련을 2개월부터 시켜 8개월에 정착시키겠다.

16. 낮밤을 알도록 밤에 침실을 깜깜하게 하겠다.

17. 아기 주변에서 많은 얘기해 주고 책 읽어 주며 고급 언어를 들려주겠다.

18. 고급 언어에 노출되도록 노력하겠다.

19. 많이 안아 주고 놀아 주고, 칭찬해 주고 공감하겠다.

20. 대소변에 너무 신경을 곤두세우지 않겠다.

21. 아이 앞에서 부부싸움 하지 않겠다.

22. 예방 주사를 잘 맞히고, 24개월까지 모든 영상물을 보이지 않겠다.

23. 자기가 하겠다고 할 때 많이 허용하겠다.

24. 자연과 함께 하는 시간을 많이 갖겠다.

25. 새소리, 하늘 ,바람을 더 많이 느끼도록 하겠다.

26. 갓난이부터 통 그림과 통 언어로 아이의 시각과 언어의 그릇을 넓히겠다.

27. 손으로 직접 만지는 것을 통해 뇌가 발달하도록 돕겠다.

28. 밥 먹는 것을 자기 손으로 먹도록 허용하고 옷, 신발도 본인이 선택토록 하겠다.

29. 놀이를 통해 스스로 공부할 수 있도록 유도하겠다.

30. 느리지만 아이가 하고 싶은 것을 하도록 허용하겠다.

31. 될수록 선행학습이 아닌 적기교육 하겠다.

32. 영유아기를 잘 활용해 사람의 기본 틀을 튼튼하게 만들겠다.

33. 엄격한 사랑으로 바른 도덕관을 세우겠다.

34. 클수록 자애롭게 대하겠다.

35. 잔소리는 절대 하지 않겠다.

36. 칭찬은 너그럽게, 잘못은 단호히 하겠다.

37. 처음 저지른 잘못에 적절하게 대처하겠다.

38. 생떼를 쓴다고 다 받아 주지 않겠다.

39. 절제와 검소를 배우게 하겠다.

40. 불쌍한 사람을 돕도록 하겠다.

41. 사람은 누구나 평등하다는 걸 심어 주겠다.

42. 직업에는 귀천이 없다는 것을 알게 해 주겠다.

43. 덕승재, 겸손을 배우면 영광이 뒤따른다는 것을 알게 하겠다.

44. 콩 한 쪽도 나눠먹는 마음을 기르겠다.

45. 형제나 친구와 사이좋게 지내도록 가르치겠다.

46. 자기표현을 진솔하게 할 줄 아는 사람이 되도록 하겠다.

47. 약속을 지키는 사람이 되도록 하겠다.

48. 오늘 할 일을 미루지 않도록 하겠다.

49. 남자아이에겐 요리를, 딸에게는 운전을 가르치겠다.

50. 일상생활 교육을 통해 생활 바보가 되지 않도록 하겠다.

51. 불의한 일에 휩쓸리지 않는 사람이 되도록 하겠다.

52. 무딘 성격으로 어떤 역경에도 견디도록 하겠다.

53. 적성을 빨리 찾아 오래 연마해 세계 최고의 경지에 오르도록 하겠다.

54. 우주를 알게 하고 싶다.

55. 블루 오션에 빠뜨리겠다.

56. 밝은 미소로 인사를 잘 하도록 하고 싶다.

57. 남의 말을 경청하고 공감하며 정서 인지가 발달하도록 하고 싶다.

58. 남을 평가하지 않고 사랑으로 포용하는 사람이 되도록 하겠다.

59. 건강한 몸에 바른 몸가짐으로 자신감 있는 사람이 되도록 하겠다.

60. 어울려 사는 사람이 되도록 하겠다.

61. 평생 책이 손에서 떠나지 않는 사람이 되도록 하겠다.

62. 가까울수록 돈거 래는 하지 말고, 있으면 차라리 주도록 하겠다.

63. 진솔한 사랑을 전하겠다.

64. 부모와 선생님을 존경하도록 만들겠다.

65. 자신을 사랑할 줄 알며 행복한 사람이 되도록 만들겠다.

:: 끝내는 엄마 ···· 아이 의욕을 Down 시키는 엄마

갓난아이가 울 때 금방 안아주면 버릇된다고 믿는다. 아기는 홀로 잘 큰다고 생각해서 오로지 밥, 지저귀 갈고 잠재우는 것으로 소임을 다했다 여긴다. 별로 교감 없이 갓난이 시절을 보낸다. 기다림은 질색이다. 애가 하는 일은 느리고 서툴러 엄마가 하고야 만다. 위험한 일은 아예 시도조차 못 하게 한다. 초1이 라면을 끓이는 걸 있을 수 없는 일이라 생각한다. 불조심이 우선이고 아이의 안전이 최고다. 실패의 경험을 맛볼 기회를 주지 않아 호기심과 자신감은 바닥이 된다. 일상에서 이뤄지는 것은 아무 것도 아니니 공부만 잘하면 된다는 생각이다. 잡다한 일은 엄마가 슈퍼맨이 되어 뒤치다꺼리 해주면 된다. 놀 때도 아이를 간섭해 집중력을 떨어뜨린다. 몰입할 기회를 박탈시킨다. 그래도 엄마는 뒷바라지를 잘한다고 안심한다. 아이는 뭐든 타율적이기에 금방 지치고 싫증나며 오래 견디지 못한다. 재밌게 놀아 본 적이 드물다. 가지치기가 필요해도 그냥 웃자란 채 놔둔다.

:: **끝내주는 엄마** ··· 아이 의욕을 Up 시키는 Upmom

아이의 탄생은 위대하다. 아기의 울음소리는 간절한 구원의 소리임을 안다. 그 요청에 빨리 대응해 아이와의 애착 관계를 잘 형성한다. 아이를 느긋하게 지켜보고 기다릴 수 있는 인내심을 갖는다. 답답해도 아이가 할 때까지 기다린다. 초 1 아이에게 라면 끓이기는 거대한 도전임을 인정한다. 참는 지혜를 갖는다. 여러 번의 시행착오 결과 맛있는 라면이 만들어진다는 걸 알 때까지 인내해 준다. 모든 것을 해주는 부모가 슈퍼맨인 시대는 갔음을 인식한다. 이제는 아이 스스로 자신이 슈퍼맨임을 자각할 수 있게 이끌어 준다. 재밌게 사는 게 행복이라는 지존이 있다. 따라서 자기 주도적이면 행복하다. 취미, 직업이 같은 사람은 몰입함으로써 즐겁고 행복하다. 행복의 파랑새는 내 안에 있고, 남자와 여자는 다르다는 걸 인식한다. 다름을 인정할 때 서로 이해하고 더 친밀해질 수 있다. 세대를 알면 부모 자식 간 이해가 빠르다. 자식 기르기도 예술이다. 단순화할 수록 고수다. 웃자란 나무는 가지치기가 필요하다. 거품을 다 걷어내고 알짜로 살도록 유도한다. 조금씩 양보해 조화를 이룰 때 자식 기르기 미션이 예술처럼 완성됨을 인지한다.

> **"자식 기르기도 예술이다."**
> 예술은 단순하다.
> 고수는 복잡함을 거부한다.
> 부모 고수가 되는 길은 단순함에 있다.

세상에 육아서는 많다. 부모에게 육아란 이론이 아닌 실제다. 아이와 직접 부딪치며 해결해야 할 실무다. 아이를 키우다 보면 당황스러울 때가 많다. 이론과 실제의 각이 맞지 않아서다. 저자 김영희는 평범한 가정주부로 30년 육아의 민낯을 선보이고자 한다.

운전 지식이 많다 해도 도로에 나가면 사정이 달라진다. 아이 기르기는 그 이상의 위험을 감수해야 한다. 아이는 생명체이기에 기계 다루듯 할 수 없기 때문이다. 운전에 비할 바가 아니다.

바구니에 담긴 계란처럼 깨어지지 않게 조심조심해야 한다. 그래서 부모는 늘 긴장한다. 예측불허의 미래까지 바통 터치를 잘 하려 지극 정성을 기울인다. 그게 부모 마음이다.

모든 아이는 천재로 태어난다. 부모의 가치관에 따라 양육 방식은 제각각이다. 그만큼 아이는 달라질 수 있다는 징표다. 타고난 성정과 재능이 달라도 기본 틀을 잡는 데는 공통 부분이 많다.

아이가 두 서너 살 되면 뭐든 스스로 하겠다고 한다. 말랑한 그 시기에 하고자 하는 그대로를 인정해 주고 허용한다면 그 아이는 시작부터 탄탄대로다. 농부가 물길을 어떻게 터주느냐에 따라 그해 농사가 달라진다. 자식 농사도 마찬가지다.

속담에 예쁜 아기 씻겨 죽인다는 말이 있다. 부모의 조바심, 과잉보호 속에 탐구심과 호기심이 사장된다. 그 때 생긴 체험 그릇의 크기로 인생 항로가 시작된다. 자신감과 욕망이 있는 아이는 경험치부터 다르다. 앞으로 더욱 정서와 창의가 절실해지는 시대다. 그것도 경험치의 두께로 결정된다.

그 밑바닥에는 부모의 허용과 배려, 신뢰, 격려와 칭찬이 탄탄하게 깔려 있어야 한다. 어떤 비바람이 몰아쳐도 중무장한 배는 끄떡없다. 유유히 흘러갈 수 있는 유연함과 뚝심이 있기 때문이다.

그 힘의 원천이 부모의 재량에 달려 있다. 부모의 철학에 따라 아이가 길러지기 때문이다. 평소 부모 또한 자기 발전을 위해 자신을 먼저 키워야 한다.

아이를 너그럽게 풀어주고 조이는 탄력적 육아를 늘 고민하는 부모는 최적의 환경이 된다. 지혜로운 부모란 할 일과 안할 일을 구분할 수 있는 사람이다. 그래야 동반 성장할 수 있다. 상생의 길이다. 그것을 '통 큰 육아'라 말하고 싶다.

아이 스스로 좋아하는 일은 하지 말라고 해도 한다. 숨어서라도 하고야 마는 게 진짜다. 진짜야 말로 자기 것이 된다. 남이 시켜서 하는 일은 재미도 없고 비효율적이며 금방 싫증난다. 공부만이 능사가 아니다. 일찍 취미와 적성을 찾는다면 양이 질을 우선한다.

미술의 대가 피카소, 음악 천재 모차르트 등이 다 그 부류에 속한다. 뭐든 처음이 어렵고 다음부터는 쉽다. 아이는 스스로 배우려는 성향을 갖고 태어난다. 부모는 아이의 뒤에서 응원하는 박수 부대가 되면 된다.

있는 그대로를 수용하고 받아주고 기다려주면 그만이다. 고수는 단순하다, 부모 고수가 되고 싶디면 단순해야 한다. 거품 낀 허상들을 걷어내야만 실체가 보인다. 예술은 복잡한 것을 거부한다. 단순화시키는 데 있다. 따라서 자식 기르기도 예술이다.

이 책에서 나는 그 길을 진솔하게 안내하려 노력했다. 몇 십 년 간

끊임없이 고뇌한 통찰이 누군가에게 힘이 된다면 보람이라 생각한다. 더불어 이 땅의 자식 가진, 가질 모든 분들께 위로를 드리고, 당신은 가장 위대한 일을 하고 계신 장본인이라고 말하고 싶다.

당신은 분명 세계를 제패할 위대한 아이를 기르고 있다. 누구나 자기 분야의 최고가 될 수 있다. 세계를 넘어 우주로 큰 꿈을 가져야 한다. 나아 가자. 할 수 있다. 아자 아자 파이팅.

우리 아이는 이 세상의 보배이고 세계를 이끌 일꾼들이기 때문이다.

끝으로 그동안 저를 이끌어 주신 모든 분들께 지면을 통해 고마움을 전합니다. 이 글을 출판해 주신 가나북스 배수현 사장님, 박수정 디자이너님, 송재호 제작님께 감사드립니다.

진심으로 고맙습니다.

참고도서 |||||||||||||||||||||||||||||||||||||||||||||||||||||

- 행복한 부모가 세상을 바꾼다, 이나미, 이랑, 2014.
- 스필버그 엄마처럼 비욘세 엄마처럼, Hirsch, Stephanie, 행복포럼, 2010.
- 핀란드 명품교육법 =Finland method of teaching, 코바야시 아사오, 동해출판, 2013
- 공부하는 유대인: 하버드를 지배한 유쾌한 공부법, 힐 마골린, 일상이상, 2013
- 내 아이를 위한 부모의 작은 철학, 볼프강 펠쳐, 지향, 2009.
- 불량 엄마의 유쾌한 자녀 교육, 조수경, 윈에듀 P&C, 2012.
- (솔빛엄마의) 부모 내공 키우기, 이남수, 민들레, 2008.
- 끄는 부모 미는 부모 :허영림 교수의 자녀교육 특강, 허영림, 글로벌 콘텐츠, 2008.
- (운명을 바꾸는) 공병호의 공부법, 공병호, 21세기북스, 2012.
- 부모 대학 :아버지 학교 엄마 교실의 강의식 교과서, 추이화팡, 스타북스, 2013
- (아이를 바꾸는) 교육의 절대원칙 11, 론 클라크, 김영사. 2012
- 죽은 시인의 사회 N. H. 클라인바움, 서교출판사, 2004.
- 호밀밭의 파수꾼, 제롬 데이비드 샐린저, 민음사, 2001.
- 10대를 위한 단순하게 살아라, 프란츠 베르거, 하랄드 글라이스너, 김영사, 2003.
- 마시멜로 이야기 호아킴 데 포사다, 엘런 싱어, 21세기 북스, 2012.
- 인생이란 무엇인가 (진리편), 톨스토이, 동서 문화사, 2006.
- 딥스, 버지니아 M. 엑슬린, 샘터사, 2011.
- 바보 빅터, 호아킴 데 포사다, 레이먼드 조, 한국경제신문, 2011.
- 존로크 교육론, 존로크, 비봉출판시, 2011.
- 에밀, 루소, 올제 클레식스, 2013.
- 한 아이, 토리 헤이든, 아람드리, 2006.
- 100 년 후에도 변하지 않는 소중한 육아 지혜, 이원영, 샘터, 2006.
- 부모와 아이 사이, 하임 G. 가너트 외, 양철북, 2003.

Reference books

- 엄마 공감, 한복희, 여성신문사, 2012.
- 왜 엄하게 가르치지 않는가, 베른하르트 부엡, 뜨인돌, 2014.
- 지혜로운 부모가 행복한 아이를 만든다, 박경애, 원앤원에듀, 2015.
- 아이를 바꾸는 교육의 절대 원칙, 론 클라크, 김영사, 2012.
- 시지프스의 신화 알베르 까뮈, 해울, 2010.
- 누구나 천재가 될 수 있는 한 가지 법칙, 김병완, 북스앤드, 2013.
- 칭찬은 고래도 춤추게 한다 켄 블랜차드 외, 21세기북스, 2013.
- 한국의 딥스, 주정일, 샘터사, 2007.
- 천로역정의 부모들 신영백, 가나북스, 2013.
- 자녀의 행복한 인생을 약속하는 부모의 지혜, 웨인W.다이어박사, 아침나라, 2000.
- 아이는 성공하기 위해 태어난다 뮤리엘 제임스 도로시 종그워드, 샘터사, 2005.
- 사랑의 발견, 데버러 블룸, 사이언스북스, 2005.
- 남녀 차이 모르거나 혹은 오해이거나, 스즈키 히로부미스즈키 히로부미, 글담, 2001.
- 말을 듣지 않는 남자 지도를 읽지 못하는 여자, 앨런 피즈. 바버라 피즈, 김영사, 2011.
- 잡아라 미래 직업 100 곽동훈·김지현·박승호·박희애·배진영, 스타리치북스, 2015.
- 왜 젊은 뇌는 충동적일까, 제시 페인, 21세기북스, 2015.
- 삐뽀삐뽀 119소아과, 하정훈, 그린비 라이프, 2014.
- 슬로 라이프의 달인들, 쓰지 준이치, 한울, 2013.
- 느리게 더 느리게, 장샤오헝, 다형, 2014.
- 몰입(flow), 칙센트미하이, 한울림, 2014.
- 코스모스, 칼 세이건, 사이언스북스, 2006.
- 세계 명문가의 자녀교육, 최효찬, 예담, 2006.
- 너의 꿈을 펼쳐라, 이원숙, 김영사, 1991.

초판발행일 | 2015년 12월 20일

지 은 이 | 김영희
펴 낸 이 | 배수현
디 자 인 | 박수정
제   작 | 송재호

펴 낸 곳 | 가나북스 www.gnbooks.co.kr
출 판 등 록 | 제393-2009-000012호
전   화 | 031) 408-8811 (代)
팩   스 | 031) 501-8811

ISBN 979-11-86562-16-1 (03370)

※ 가격은 뒤 표지에 있습니다.

※ 잘못된 책은 구입하신 곳에서 교환해 드립니다.